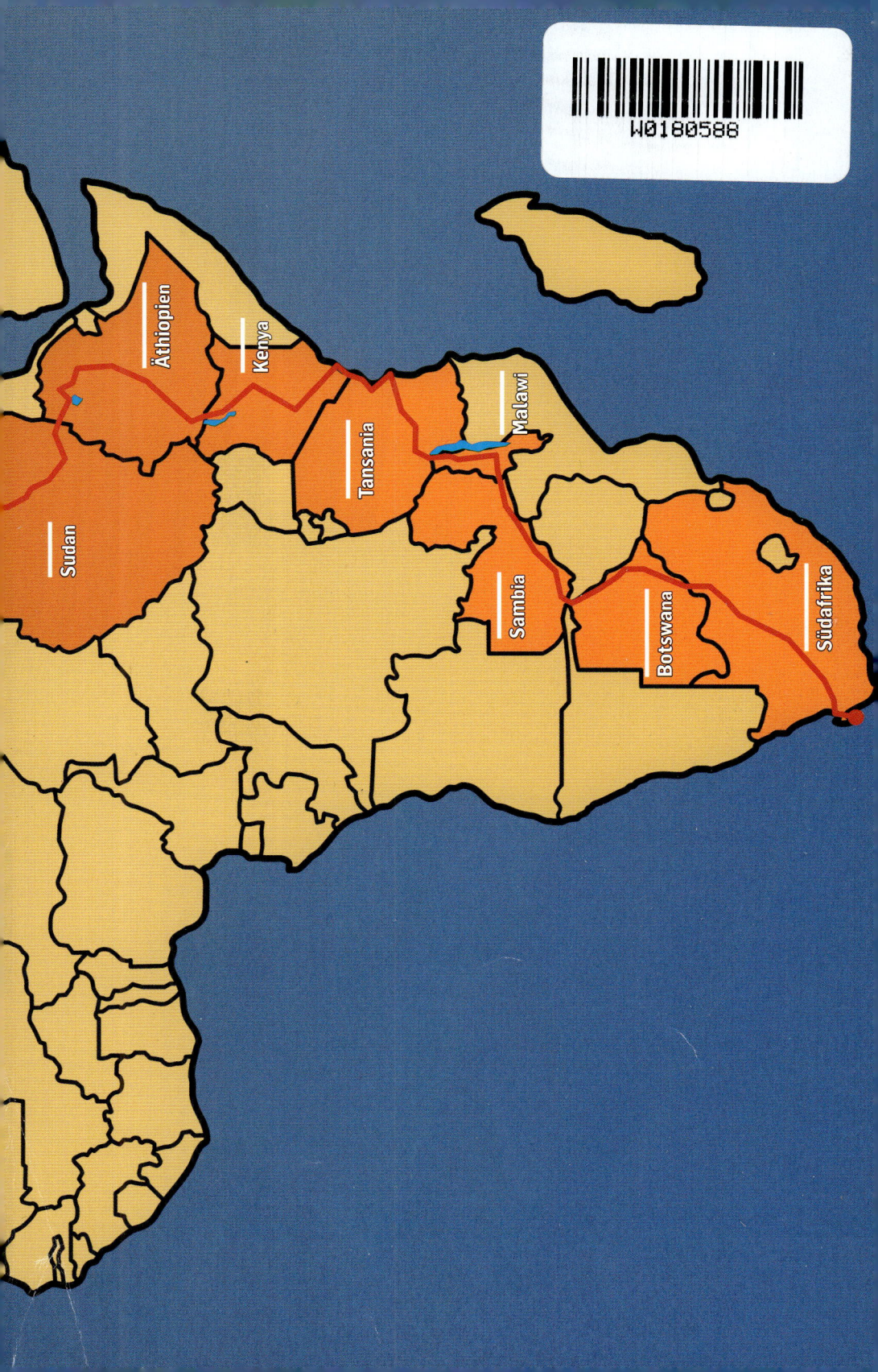

Bernd Volkens
Kay Amtenbrink

VOM KIEZ ZUM KAP

Mit unserem Bulli
durch Afrika

Delius Klasing Verlag

WIE DIE IDEE ENTSTAND

Zeitsprung, ein Donnerstagabend im FC Sankt Pauli Clubheim, kurz nach dem Training der 8. Herren, unserer Fußballmannschaft. Mein Kumpel Kay erzählt begeistert von seinem letzten Besuch bei seiner Schwester in Kapstadt. Wir reden uns bei ein paar Bier in Rage und sind uns sicher: Wir müssen Schwesterchen unbedingt in Südafrika besuchen. Fliegen? Nein, mit dem Auto wäre doch viel lustiger. Abenteuer, Land und Leute locken. Eine Schnapsidee, die mehr und mehr ins Rollen kommt...

INHALT

Deutschland	Vorbereitungen	**11**
Europa	Hamburg–Istanbul	**17**
Türkei–Syrien	Istanbul–Damaskus	**27**
Syrien–Jordanien	Damaskus–Petra	**37**
Jordanien–Ägypten	Wadi Rum–Aqaba–Dahab	**47**
Ägypten	Dahab–Kairo	**59**
Ägypten	Kairo–Assuan	**67**
Ägypten–Sudan	Assuan–Wadi Halfa	**77**
Sudan	Wadi Halfa–Khartum	**89**
Sudan–Äthiopien	Khartum–Metema	**105**
Äthiopien	Metema–Gondar	**113**
Äthiopien	Gondar–Addis Abeba	**127**
Äthiopien	Addis Abeba–Mago-Park	**141**
Äthiopien–Kenia	Mago-Park–Kenianische Grenze	**157**
Kenia	Kenianische Grenze–Nairobi	**161**
Kenia–Tansania	Nairobi–Mombassa–Dar es Salaam	**179**
Tansania–Malawi	Dar es Salaam–Lilongwe	**189**
Malawi–Sambia	Lilongwe–Kasungula	**199**
Sambia–Südafrika	Kasungula–Kapstadt	**209**
Deutschland	Epilog	**219**

DIE HAUPTAKTEURE

Kay Amtenbrink, geboren 1969, arbeitet als selbstständiger Grafiker, baut Printmagazine fürs iPad um. Fotografie ist sein liebstes Hobby und eine Reise quer durch Afrika war seit Anfang der Neunziger sein ganz großer Traum. Nicht überraschend: Kay arbeitete drei Jahre in Kapstadt – sein südafrikanischer Ex-Chef ist mittlerweile sein Schwager und Vater seiner Nichte. Als notorische »Nachteule« ein optimaler Reiseplaner für die Tour, in späten Stunden sammelte er alles nötige am Rechner – fand die besten Routen, machte die Visa klar, informierte sich über notwendige Impfungen.
Alles nichts gegen seine schwierigste Aufgabe: Er musste Bernd daran hindern, die Strecke in vier Wochen abzureißen!

Bernd Volkens, geboren 1969, arbeitet als Motorjournalist. Die Idee, mit einem Auto durch Afrika zu fahren, war nicht ganz neu für ihn. Schon Ende der Neunziger gab es erste Versuche, so eine Tour durchzuziehen. Damals hat es am Ende dann doch nicht geklappt. Für diesen zweiten Versuch bekam er fünf Monate unbezahlten Urlaub von seinem Arbeitgeber. Das Automobil spielt nicht nur berufsbedingt eine große Rolle in seinem Leben, mit zwei Freunden schraubt er in einer Halle an alten Autos. Entsprechend war es sein Part, den Bulli für die lange Reise vorzubereiten. Wie sich am Ende rausstellte, noch die geringste Herausforderung. Seine wahren Schrauberqualitäten musste er bei unzähligen Pannen im Verlauf der Reise unter Beweis stellen.

MITREISENDE AUF ZEIT

Maria Pineiro, geboren 1972, arbeitet als Projektmanagerin für eine Firma, die Windkraftanlagen herstellt. Die gebürtige Spanierin lebt in Hamburg, ist schon eine halbe Ewigkeit mit Bernd zusammen. Für sie ist das Reisen wichtig, egal wohin auf der Welt, Afrika aber ein ganz besonders lohnendes Abenteuer. Maria war von Ägypten bis Kenia mit Kay und Bernd unterwegs.

Claus Gunetsreiner, geboren 1975, arbeitet als Informatiker. Eigentlich wollte der Bayer gar nicht durch Afrika fahren, er ist schon mal vorher quer durch mit seinem Auto. Allerdings ist Claus in München mit seinen Freunden Donald und Natalie gestartet und die haben ihn überredet, auf dem Weg um die Welt den kurzen Abstecher nach Kapstadt einzubauen.
Claus begleitete, zum Glück für Bernd und Kay, den Bulli mit seinem Toyota Land Cruiser vom Sudan bis nach Malawi.

Joachim Bornemann, geboren 1967, lebt in Hamburg. Der Filmemacher hat die Tour über Teile in Afrika begleitet. Daraus ist der Film »Vom Kiez zum Kap« entstanden, in dem es um den Aufstieg des 1. FC St. Pauli und um die Verbundenheit von Kay und Bernd zum Hamburger Fußballclub geht.
Jo war 14 Tage in Äthiopien und von Tansania bis Südafrika an Bord des Syncros.

UNSER FAHRENDES ZUHAUSE

Der T3 Syncro, gebaut 1992, ist die dritte Evolutionsstufe des VW Busses. Immer noch mit dem Bulli-typischen Heckmotor, erstmals aber auch als Diesel und Allradler unterwegs. Der geländegängige Syncro wurde allerdings nicht wie seine Brüder in Hannover zusammengeschraubt. Steyr baute im VW-Auftrag den Allradler in Graz/Österreich. Auf den ersten Blick lässt sich der Gelände-

transporter nur an dem nach hinten gewanderten Tankstutzen, der größeren Bodenfreiheit und ein paar anderen Kleinigkeiten erkennen. Der Syncro trägt sein Potenzial im Verborgenen. So besitzt der Unterbau zum Beispiel Gleitschienen – die schützen Antriebswellen, Kardanwelle und Getriebe vor den Kontakt mit steinigen Untergründen. Seine vielleicht einzige Schwäche: Mit gerade einmal 70 PS ist er bei schwierigen Untergründen deutlich untermotorisiert.

DEUTSCHLAND

Vorbereitungen

Kay hat als freier Grafiker zum Glück zwischen seinen Agenturaufträgen viel Zeit, sich um die Reisevorbereitungen zu kümmern: Route, Visabestimmungen, nötige Impfungen und so weiter. In endlosen Nachtschichten arbeitet er alle nötigen Punkte gewissenhaft ab. Nur von Autos hat er dummerweise überhaupt keine Ahnung. Eine für unsere Reise nicht ganz unwichtige Fähigkeit! Mit Autos kenne ich mich richtig gut aus, stecke aber als festangestellter Redakteur zu sehr in der Journalisten-Tretmühle, um einen passenden, fahrbaren Untersatz zu suchen – an die Afrika-taugliche Vorbereitung ist dabei noch gar nicht zu denken. Wenn das mal gut geht!

Zumindest beim Fahrzeugmodell herrscht schnell Einigkeit. Weder Land Cruiser noch Land Rover – für uns Bulli-Fans muss es ein T3 Syncro von VW sein, schließlich wollen wir in einer coolen Kiste durch Afrika rumpeln.

Der Syncro bietet unserer Meinung nach die richtige Mischung aus zuverlässiger, einfacher Technik, einer vernünftigen Geländetauglichkeit und dazu noch jede Menge Platz im Innenraum zum Wohnen, Schlafen und Kochen. Dabei sieht er auch noch verdammt gut aus!

Vorteil des Busses: Er bietet Platz für die Ausrüstung. Aufs Dach kommen leichte Sachen, schließlich muss es sich aufklappen lassen

Bestandsaufnahme beim Spezialisten: Ein zuschaltbarer Allradantrieb muss her

Blöderweise besitzt er zwei große Schwächen: Wird es richtig matschig, sind 70 PS viel zu wenig Leistung, und als Exot in Afrika trifft er auf ein mieses Ersatzteilnetz. Egal, wir wollen den Bulli und verdrängen die üblen Gedanken an das, was alles passieren könnte.

Erst einmal muss man überhaupt einen Syncro bekommen, gar nicht so einfach. Wer einen guten T3 besitzt, gibt ihn nicht her oder verlangt Mondpreise. Selbst billige Bastel-Buden kosten ein paar tausend Euro. Also heißt es suchen, suchen und nochmals suchen – zwischen drei und acht Syncros stehen ständig unter Beobachtung. Und dann endlich – eins, zwei, meins – unser Gebot von 5600 Euro ist das höchste. Geschafft, wir sind komplett und begrüßen einen T3, Erstzulassung 1992 mit über 300 000 Kilometern auf dem Tacho in unserem kleinen Abenteurerkreis.

Kay: Unser Einsteiger-Bulli steht dummerweise in Reutlingen, die Besichtigung, Bezahlung und Überführung ist aufwendiger als erhofft. Mitten in der Nacht holt Bernd mich ab und wir reißen die 700 Kilometer im Dunkeln ab. Morgens bei der Ankunft fährt mir der Schreck in alle Glieder: Ich habe in der Eile meine Tasche mit meinem Anteil an der Kohle in Hamburg vergessen. Ohne Cash kann man schlecht beim Preis handeln. Bernd ist stocksauer, bleibt aber ruhig. Respekt! Der Wagen wird besichtigt, angezahlt und auf der gemeinsamen Rückfahrt kann ich schon planen, wie ich am Wochenende darauf den Bulli allein nach Hamburg bekomme.

Diese unglaubliche Nachlässigkeit von mir hat, trotz allem, auch etwas positives: Sie erweist sich als gute Bewährungsprobe, wie wir mit Fehlern und Problemen auf der Reise umgehen werden: Keine Vorwürfe – akzeptieren und Lösungen finden.

Vom Kiez zum Kap: Kay, der Grafiker im Team, hat das Logo entworfen

Willkommen, Bus, und ab in die Werkstatt. Kaufe kein Auto unbesehen, schon gar nicht, wenn du damit durch den schwarzen Kontinent fahren möchtest.

Unsere Kiste muss auf Afrikatauglichkeit getrimmt werden. Bei einem T3-Spezialisten lassen wir Ölkühler sowie zuschaltbaren Allradantrieb nachrüsten, das Getriebe überholen und besorgen zusätzlich eine gebrauchte Markise. Auf einen Heckträger für die Anhängerkupplung sollen Campinggas, -tisch und -stühle platzsparend mitfahren. Wir montieren eine Konsole; um den Beifahrersitz drehen zu können, so verbessern sich die Platzverhältnisse im Bulli gewaltig. Kay entwirft ein großes Afrika-Logo und beklebt den Bus von außen mit den Flaggen der Länder unserer geplanten Reiseroute.

Was noch fehlt: Um an Bodenfreiheit zu gewinnen, wollen wir Reifen in der Dimension 30x9,5 R15 aufziehen. Der größere Raddurchmesser sorgt für mehr Platz unter dem Auto. Nur sind die passenden Stahlfelgen für den Bulli verdammt schwer zu finden; komischerweise stammen sie von einer alten Mercedes S-Klasse. Also losstapfen, um sie auf einem Hamburger Schrottplatz aufzutreiben – neu sind sie uns mit über 200 Euro pro Rad viel zu teuer. Mit klam-

Die Nadel im Heuhaufen – die Suche nach dem Ersatzrad hat Tage gedauert

men Fingern heißt es Anfang Januar Schnee von den Felgen kratzen, um das heilige Kürzel 6J15 ET30 zu entziffern. Das Erkennungszeichen ist in eine Speiche des Rades gestempelt. Nichts ist: gefühlte 1000 Räder angepackt, Finger abgefroren und keine passende Felge gefunden. Vielleicht doch noch einmal bei Mercedes nachfragen? Nein, das sprengt die Reisekasse. Also zurück in die Kälte, es gibt noch viele Schrottplätze rund um die Hansestadt. Und, oh Wunder, gefunden, 30 Euro will der Altteil-Händler pro Stück für die Räder, weil das Profil noch so gut ist. Der Schrotti wundert sich über unser blödes Grinsen, weiß zum Glück nicht, wie verzweifelt wir gesucht haben und dass wir auf die aufgezogenen Reifen überhaupt keinen Wert legen.

Die Routenwahl durch Afrika erweist sich als schwierig. Anfangs favorisiert: die Westpassage. Das heißt über Spanien, verschiffen von Gibraltar nach Marokko und weiter über Mali. Doch das müssen wir verwerfen, der globale Terrorismus sucht auch im Jahr 2010 Entführungsopfer und das genau auf unserer geplanten Route. Als die Nachrichten vermelden, dass es tatsächlich passiert ist, Europäer verschleppt wurden, knicken wir ein. Üble Geschichte, auf diese Erfahrung möchten wir verzichten. Aber es gibt ja noch die andere Seite. Jetzt steht der Weg entlang der Ostküste. Auch für diese Länder gibt es auf der Internetseite des Auswärtigen Amtes jede Menge Reisewarnungen, aber keine liest sich so bedrohlich wie die Anmerkungen zu den Ländern auf der anderen Seite Afrikas.

Kay: Die Westroute zu nehmen ist sofort beschlossen. Bernd und ich waren noch nicht in Westafrika, zudem führt die Strecke durch zehn Länder, die an der WM teilnehmen – Fußball ist also sehr präsent, weshalb wir dort auf mehr Verständnis, Hilfe und lustige Begegnungen hoffen. Ich trage über Monate einen dicken Ordner mit Infos über Grenzen, Camps, Gefahren, Straßen, Konsulate, Karten, Werkstätten, selbst Nationalspieler und wichtige Vereine aller Länder zusammen.

Als wir Anfang Januar, drei Wochen vor der geplanten Abfahrt, beschließen, die Ostroute zu nehmen, bin ich trotz richtiger Entscheidung geknickt. Bei der Abfahrt habe ich das mulmige Gefühl, nicht top vorbereitet zu sein, was sich dann leider auch schnell bewahrheitet.

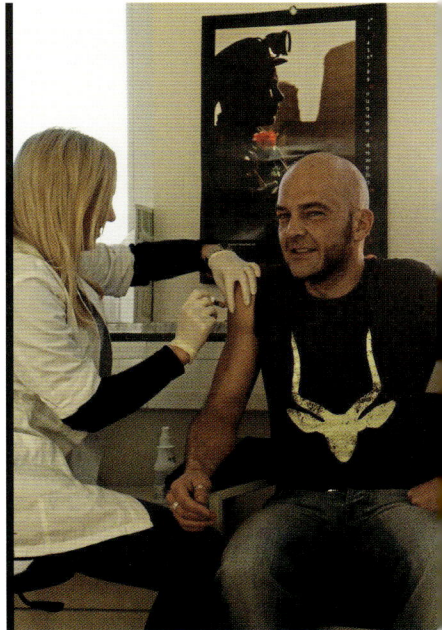

Impfmarathon – unser Abwehrsystem ist im Dauerstress, produziert Antikörper

Terrorismus ist nicht die einzige Gefahr – neben politischen Unruhen warten fiese Tropenkrankheiten in Afrika auf uns. Und entsprechend sehen die Vorbereitungen aus: Morgens werden unsere Arme durchstochen, nachmittags wird am Bus gebohrt. Die Spalten des Impfbuches füllen sich: Cholera, Tollwut, Gelbfieber, Hepatitis A und B, um einige der gemeinen Gesellen zu nennen die, laut Tropenmediziner, in den tiefen Afrikas lauern. In den Bus versenken wir ein paar tausend, in unsere Adern gerade mal 350 Euro – toll, wir sind zumindest viel preiswerter fit für Afrika zu machen. Kay schlägt sich die Nächte um die Ohren, plant eine völlig neue Tour mit allen Konsequenzen. Infos müssen gesammelt werden, neue Visa sind zu beantragen, die Zeit rennt.

**Istanbul:
Endlich Orient**

EUROPA

Hamburg–Istanbul

2676 km

Hamburg, Millerntor, 15. Februar 2010: Eigentlich sollte es schon am 1. Februar losgehen, aber der Bulli wurde einfach nicht rechtzeitig fertig. Was soll's, starten wir eben zwei Wochen später, wird ja wohl trotzdem genug Zeit für die Tour durch Afrika bleiben. Freunde, Familie, Kollegen und ein Reporter von NDR 90,3 sind da, um uns zu verabschieden – sie alle sorgen für Gänsehaut auf unseren blau zerstochenen Oberarmen. Die letzte Spritze gab es beim Frühstückskaffee, der Impfschutz steht. Besonders die Familie tut sich schwer, uns ziehen zu lassen – wäre es nicht so kalt, säßen wir wohl immer noch vorm St. Pauli-Clubheim im Schnee. Winke, winke und ab dafür! Mit einer Flasche Sekt zwischen den Knien und einem Grinsen im Gesicht geht es über die Elbbrücken, auf die lange Reise von Hamburg nach Kapstadt. Hurra, ab jetzt bitte immer nur noch Richtung Süden!

Zugegeben, lang ist die erste Etappe nicht, sie endet schon nach 273 Kilometern. Gütersloh, Kays Vater wohnt hier, er konnte nicht nach Hamburg kommen. Macht nichts, die letzten 14 Tage waren die Hölle. Wir haben die notwendigen Vorbereitungen völlig unterschätzt, entsprechend viel war zu tun und es gab wenig Zeit zum Ausruhen. Also kurz durchatmen und lange schlafen in Ostwestfalen. Der Bus muss noch vernünftig eingeräumt werden, im ganzen Trubel landete vieles einfach so im Fahrzeugheck des Bullis. Überraschend, wie viel die paar Schubladen schlucken können. Klamotten, Lebensmittel, Reiseapotheke und noch ein paar anderer Gimmicks wie eine Machete, Weltempfänger und Klappspaten. Extrem schwer war es, die notwendige Ersatzteilliste für den Bulli zu erstellen. Wer kann schon voraussagen, was unterwegs so alles kaputt geht? Ein paar Filter, eine Kupplung, Radlager und Bremsbeläge, hoffentlich brauchen wir nichts davon.

Kay in Panik: Er hat zum Glück nur das Schutzglas des Objektives geschrottet

Zweiter Reisetag, jetzt geht es richtig los und doch nur bis nach Österreich. Ist zwar keine Steppenlandschaft mit schiefen Rundhütten und wilden Tieren, merkwürdig sprechende Eingeborene kann man aber auch hier schon treffen. Ansfelden, Gasthof zur Post und erste Verständigunsschwierigkeiten, so früh haben wir damit nicht gerechnet. Kontakt aufgenommen, freundliche Gesellen, auch mit ihrer Ernährung kommen wir klar – lecker Schnitzel. Der nächste Morgen startet gleich mit einem bösen Patzer. Kay schwingt sich bei einem Zwischenstopp an einen Baumarkt sportlich aus dem Auto, verfängt sich in seiner Kameratasche und lässt das gute Stück, extra für die Afrikareise gekauft, hart auf den Asphalt klatschen. Autsch! Aber noch mal Glück gehabt, es sind zwar zwei UV-Filter zerbrochen, die Linse des Objektives hat aber nur einen winzigen Kratzer abbekommen. Er wird es überleben. Nicht das einzige Drama bei unseren Nachbarn: Im Alpenstaat wechselt unser Navi einfach mal so die Route. Der Rechner entscheidet, wir beugen uns: Ein kleines Stück Slowakei und quer durch Ungarn fallen weg, dafür kommen Slowenien und Kroatien neu dazu. Passt zwar nicht zu den Flaggen, die Kay von den Ländern durch die wir fahren auf den Bus geklebt hat, entsprechend ist er etwas mucksch, aber Kilometerfressen zählt. Die beiden neuen Länder zeigen sich zumindest von ihrer schönsten Seite. Die östliche Flanke von Slowenien, über Maribor, fliegt bei Tempo 90 an den Bus-Fenstern vorbei, die Sonne scheint. Die Fahrt durch Kroatien zieht sich länger, kurze Pause, Mittagsstopp und schnell weiter. Es gilt, die bei der Vorbereitung so großzügig verprasste Zeit wieder aufzuholen – wir wollen möglichst langsam durch Afrika, müssen im Umkehrschluss Vollgas durch Europa. Schließlich sind die Länder hier auch in jedem stinknormalen Urlaub locker zu erreichen. Und für einen ersten Eindruck reicht sogar der schnelle Spurt. Aber war die chaotische Abreise vielleicht doch zu hektisch? Haben wir an alles gedacht? An der Grenze von Kroatien zu Serbien kommt die Antwort auf diese Frage aus einer unerwarteten Richtung: Eine nett lächelnde Zöllnerin verlangt die grüne Versicherungskarte. Sch..., sie liegt faul und trocken auf Kays Schreibtisch statt pflichterfüllend aus dem Handschuhfach heraus die Grenzübertritte zu erleichtern. Allein für die kurze Fahrt durch Serbien kostet uns das Malheur 106 Euro, plus der fälligen 30 Euro Maut versteht sich. Damit es nicht an jedem Schlagbaum so teuer wird, kommt uns eine wie wir meinen geniale Idee. Ab jetzt geht es mitten in der Nacht über die Grenzen. Der Plan: Verschlafene Zöllner haben keinen Bock, gründlich zu kontrollieren.

In Bulgarien klappt es tatsächlich bestens, verpennt winkt uns der Beamte durch. Der Ärger kommt erst später in der Hauptstadt: Polizisten zeigen uns in Sofia die Kelle, erklären auf Bulgarisch und mit Händen und Füßen ihre Unzufriedenheit. Da bleibt nur Schulterzucken. Unsere Vermutung: Sie sorgen sich um die unterschiedlichen Füllstände von Touristenbrieftaschen und Bullen-Portemonnaies. Blöd, dass wir sie einfach nicht verstehen wollen und mit jedem Hinweis dümmer werden. Am Ende ist es ihnen zu dumm, sie schicken uns mit voller Geldbörse weiter Richtung Türkei. Nachts geht es durch eine verschlafene Stadt,

Straßenzüge voller Werkzeug in der man in den teils runtergekommenen Straßenzügen noch den Atem der sozialistischen Genossen im Nacken spürt. Okay, wir sind ungerecht und sauer, schließlich gehört Sofia zu den ältesten Siedlungen Europas, bietet viele Sehenswürdigkeiten. Aber, sorry, selber schuld – ihr habt angefangen zu stänkern, die gastunfreundliche Aktion eurer Ordnungshüter hat uns den Spaß am Sightseeing genommen. Wir bleiben bei unserem Plan, drücken auf die Tube. Gefühlt geht es Kreuz und quer, erst durch die Stadt, dann durchs Land, bis sich plötzlich eine lange Schlange von Lkw auf unserer Fahrspur bildet. Oh Gott, die Grenze ist noch ewig weit weg. Hoffentlich erwartet keiner der Trucker, dass wir uns in diese schleichende Karawane Richtung Schlagbaum einreihen. Wer nicht fragt, bekommt auch keine unerwünschten Antworten. Kay zieht nach links und brettert die nächsten Kilometer ohne das Tempo zu drosseln an den stehenden Brummis vorbei, gut gemacht.

Die historische Straßenbahn fährt durch Istiklal Caddesi

Der nächste Stopp fällt am türkischen Schlagbaum, schlechtes Timing, genau auf den morgendlichen Schichtwechsel. Gut gelaunt, mit einem Lächeln auf dem Lippen, kommt es wie es kommen muss, die gutaussehende Zöllnerin haucht: »Your Green Card, please«. Mist, wer oder was hat uns verraten? Egal, mit 55 Euro ist die Versicherung im Vergleich zu Serbien ein Schnäppchen, wenn auch ein unnötiges. Müde und verschlafen belohnt uns die Türkei mit einem kräftigen Kaffee, milden Temperaturen und hilfsbereiten Menschen. Ein aufregendes Istanbul wartet in knapp 270 Kilometern. Europas Tor zum Orient, der Einstieg über die türkische Metropole ist perfekt – schonend bekommen wir die orientalische Lebenseinstellung beigebracht.

Erste Lektion: Der Verkehr – Freiräume auf der Straße sind augenblicklich auszufüllen, wer dies nicht tut, wird gnadenlos angehupt. Zwei Paar Augen reichen bei weitem nicht, um den Überblick über das ganze Chaos zu behalten. Die Fahrspuren mit ihren Markierungen, inklusive Standspur, sind allenfalls ein grober Hinweis für die Anzahl von Autos, die nebeneinander passen. Irgendwie geht immer noch eines in die Lücke. Vorteil für uns: Wir sind sofort als Deutsche identifiziert, der Türke hat Mitleid und verzeiht unsere planlosen Spurwechsel. Es wir gehupt, gescheucht, gewunken und gelächelt.

Zweite Lektion: Auch wenn Sprachbarrieren im Weg stehen – fragen hilft. Beim Bummeln durch die Altstadt landen wir im Werkzeugviertel. Das passt gut, unserem Bulli fehlen noch ein paar Ersatzschläuche. Bei Beschädigungen an den Reifenflanken sollen sie zur Pannenhilfe dienen und ein 12-Volt-Kompressor zum Befüllen eben dieser. Die elektrische Luftpumpe finden wir schnell, zweimal im falschen Laden nachgefragt, gibt es im dritten Geschäft ein passables Gerät. Mit den Schläuchen für die Reifen ist es schwerer – falsche Abteilung. Zur Erklärung: Man muss sich Istanbul wie einen großen Mischwarenladen vorstellen. Statt verschiedener Regalreihen wie im Baumarkt oder Einkaufszentrum gibt es ganze Straßenzüge, die sich spezialisiert haben. In welcher Abteilung man sich gerade befindet, lässt sich ganz einfach durch ein Blick in die Schaufenster erkennen – Küchen, Kleidung, Sanitärbedarf – alles findet sich in bestimmten Ecken der Stadt. Rund um unser kleines Hotel decken sich beispielsweise Zahnärzte ein. In einem kleinen, dunklen Geschäft, das irgendwie an eine alte Dorfschmiede aus dem 19. Jahrhundert erinnert, finden wir zwar keine Ersatzschläuche für den Bus (hier geht nur Fahrradzubehör über den Tresen), am Ende sitzen wir aber im Privatwagen eines anderen, zufällig anwesenden Kunden aus dem Laden. Der nette Fahrer spricht kein Englisch, versteht entsprechend kein Wort von dem, was wir sagen, bringt uns aber lächelnd in das Autozubehörviertel. Und dort geht es freundlich weiter. Am Ende schenkt uns ein Händler zwei gebrauchte Schläuche mit neuen Ventilen. We love Turkey!

Lektion drei: Beim Einkaufen handeln – mit dem erstgenannten Preis loten Händler nur den Humor des Käufers aus. Spaßbefreite

Typische Gasse, mit kleinen Restaurants, netten Kellnern und lecker Essen

Europäer schlagen sofort zu, ist ja schließlich billiger als zu Hause. Und so geht es richtig: Lächeln und Kopf schütteln, ruhig mal etwas ins Regal zurücklegen und auf die Reaktion des Verkäufers warten. Schon purzelt der Preis, spätestens wenn man so tut, als ob man das Geschäft verlassen möchte. Aber auch hier gilt – Geiz ist nicht geil! Wer es übertreibt, wird auch schon mal aus dem Laden befördert.

Natürlich bietet Istanbul viel mehr als Nachhilfeunterricht für planlose Afrika-Touristen. Nett sind die vielen kleinen, zufälligen Begegnungen: Die Teilejagd durch die vielen Stadtviertel macht hungrig. Mitten im Wirrwarr aus engen Gassen und kleinen Läden findet sich ein unscheinbares Restaurant. Einfach eingerichtet, Plastiktischdecken, eine Kühlvitrine als Tresen. Viele Türken zu Gast, ein gutes Zeichen, also rein. Sitzend auf den typischen niedrigen Hockern und rätselnd über das Angebot auf der Speisekarte – werden wir von der gutaussehenden Bedienung angesprochen, die uns freundlich bei der Speisewahl hilft. Nicht auf Englisch – mit einem lupenreinen Ruhrpott-Zungenschlag macht sie das. Die

Am Ende klappt das Handeln – die Freude über den Preis der neuen Jeansjacke ist groß

Dame, mit Kopftuch und Anfang 30, hat in Dortmund studiert ist nach Istanbul zurück, um ihren Eltern im Restaurant zur Hand zu gehen.

Überraschend aufgeschlossen auch das Nachtleben in den Seitenstraßen der großen Fußgängerzone Istiklal Caddesi, die am Taksim-Park endet. Hier gibt es viel Platz zum Feiern. Lohnend sind die Bars unter den Dächern der acht- bis zehnstöckigen Geschäftshäuser, die einen wunderbaren Blick über die Stadt bieten. Zu türkisch-deutschem Hip-Hop lässt es sich hier mit einem kalten Bier in der Hand durch die Nacht tanzen.

Und dann gibt es noch unzählige Sehenswürdigkeiten – der Große Basar, die Blaue Moschee, Hagia Sophia, Sultan-Palast und so weiter. Viel Programm für uns, zum Glück aber alles dicht beisammen stehend, das erleichtert den Spurt durch das kulturelle Istanbul. Wir sind bei jedem Gebäude aufs Neue von der Pracht beeindruckt. Allein die Hagia Sophia: Im ersten Moment kommt sie wie eine übliche Moschee daher, ist zugegeben ein sehr, sehr großes Gotteshaus. Wer aber die Geschichte dieses Kuppelbaues

studiert erfährt, dass diese Steine sind der Inbegriff des religiösen Wechsels sind. Trotz des islamischen Aussehens durch die nachträglich angebauten Minarette ist ihr Ursprung christlich. Im 6. Jahrhundert wurde der Kuppelbau von den Byzantinern erschaffen und diente neun Jahrhunderte Orthodoxen Christen als Gotteshaus, bis am 29. Mai 1453 Konstantinopel den Osmanen in die Hände fiel. Noch am selben Tag gab es das erste muslimische Gebet in der Hagia Sophia, wurden die christlichen Symbole entfernt oder übermalt. Einige Mosaike mit Heiligen-Bildern haben den Wechsel überlebt; man hat sie 1934 nach einer erneuten Umwandlung, diesmal in ein Museum, freigelegt. Atatürk sei Dank.

Der Sultan-Palast bei Nacht

Straßenkreuzung in Aleppo

TÜRKEI-SYRIEN

Istanbul–Damaskus

4328 km

Zwei Tage Istanbul reichen zwar kaum für diese 16,6 Millionen große Metropolregion, aber die Zeit drängt – schließlich liegen noch geschätzte 15 000 Kilometer Strecke vor uns. Am 20. Februar heißt es Sachen packen, das einfache Hotel und den bewachten Parkplatz bezahlen und rein in unser treues Gefährt. Irgendwie haben wir ihn vermisst, den Bulli, unser Zehn-Quadratmeter-Zuhause. Das nächste Land heißt Syrien. Die Fahrt über den Bosporus, ein Kindheitstraum. Zum ersten Mal auf unserer Reise verlassen wir Europa. Die Brücke bringt uns in den asiatischen Teil Istanbuls. Fahrtrichtung Osten, erst einmal grob nach Ankara – die Türkei ist riesig. Die Landschaft wechselt ständig, von karg bis bewachsen, von flach bis bergig, zwischendurch könnte man fast glauben, wieder in den Alpen gelandet zu sein: schneebedeckte Gipfel. Das Land trägt Braun-Weiß, die Farben unseres Fußballvereines. Wenn das kein gutes Zeichen ist! Und erst die Straßen: Unseren Offroader hätten wir in Hamburg lassen können, die türkischen Autobahnen sind exzellent asphaltiert, scheinen für tiefergelegte BMW gemacht. Die Laune im Bus ist großartig.

Vorbei geht es an Ankara, Hauptstadt der Türkei. Auch wenn sie deutlich kleiner ist als Istanbul und längst nicht so oft von Touris besucht, hier sitzt die Regierung des Landes. Sehenswert ist das Mausoleum des Staatsgründers Atatürk. Der schnörkellose, monumentale Bau liegt auf einem Hügel mit Blick auf die Stadt. Vater der Türken, so die Übersetzung Atatürks, war Präsident von 1923 bis 1938, erhielt seinen Nachnahmen vom eigenen Parlament verliehen. Noch heute wird er von vielen, gleich eines Personenkultes, verehrt. Der Weg zur Grenze ist noch weit, auf Höhe der türkischen Hauptstadt ist nicht einmal die Hälfte des Landes durchquert. Durch Zentralanatolien geht es weiter. Der nächste Stopp ist ein einfacher Rasthof, nur ein paar Lkw-Fahrer sind unsere Nachbarn

Trostlos sind die Übernachtungsplätze auf den Rasthöfen Richtung Syrien auf dem Parkplatz. Der Gastraum lässt Gastlichkeit vermissen, Neonröhren blinken, das Essen fad und teuer. Schon irgendwie merkwürdig, die Qualität auf vielen Rasthöfen von Deutschland bis in die Türkei orientiert sich nach unten, die Preise aber nach oben – gibt es etwa eine länderübergreifende Absprache unter den Gastronomen? Reisende sind auf keinen Fall zu verwöhnen und bitte um möglichst viel ihrer Urlaubsrücklagen zu bringen.

Nach einer kalten Nacht auf dem trostlosen Rasthof geht es bei Antakya an die syrische Grenze. Vor uns stehen fünf zerbeulte Autos, das Tor ist verschlossen. Erster Gedanke: Wir sind zu spät. Aber doch nicht, das schäbige, rostige Gitter öffnet sich. Auf der türkischen Seite sind die Formalitäten schnell erledigt, gut gelaunt rollt der Bulli durchs Niemandsland. Dunkel und verlassen liegen ein paar Kilometer Straße vor uns, eine mulmige Vorahnung vertreibt das Stimmungshoch. Hier drohen Schwierigkeiten. Zäune, Flutlicht, Grenzgebäude, Soldaten – es sieht aus wie auf einem Filmset für einen Agenten-Thriller. Und tatsächlich: Nichts mehr mit Freundlichkeit, keiner der Zöllner spricht Englisch mit uns. Beim Blick aufs

Unsere einheimischen Navigatoren bringen uns sicher in Aleppos Altstadt

Visum verhalten sich alle, als ob sie so etwas zum ersten Mal sehen würden; ständig werden wir zwischen den Schaltern hin und her geschickt. Ein Beamter, der unsere Kohle kassieren will, findet einen Stempel nicht und obwohl wir ihn drauf hinweisen, fängt er an, uns zu beschimpfen. Wenn hier alle so sind – na, dann schöne gute Nacht, aber wir bleiben gelassen und ruhig. Als sich ein Syrer aus dem Hintergrund einmischt, klappt es plötzlich besser. In gutem Englisch hilft er weiter, öffnet Türen, sorgt für die nötigen Einreisepapiere. 100 Dollar Diesel-Steuer, 60 Dollar Versicherung, sieben Dollar Bearbeitungs- und sogenannte Stempel-Gebühren, zumindest ist das Bestechungsgeld moderat. Alles bezahlt und trotzdem noch jede Menge skeptische Blicke auf unsere Pässe und in den Bus. Bis endlich ein Typ mit tief aufgeknöpfter Uniform, Goldkettchen auf der breiten, behaarten Brust und Sonnenbrille auf der Nase den Schlagbaum Richtung Syrien öffnet. Hurra, geschafft.

Vorweg, die Unfreundlichkeit reduziert sich auf die Grenzer. In Aleppo angekommen, herrscht große Hilfsbereitschaft. In einem kleinen Laden nach dem Weg Richtung Innenstadt gefragt, springen Vater und Sohn spontan in den Bus, statt die Route aus der Ferne zu beschreiben. Kaum des Englischen mächtig, bringen sie uns mit Händen und Füßen ans Ziel. Geld wollen sie nicht, also gibt es unsere letzte Tüte Gummibären und den Rest Schokolade für den Kleinen zum Dank. Ein schöner Platz in der Altstadt belohnt für den Ärger an der Grenze. Geschmiedete Laternen, Parkbänke, renovierte Häuser – dieses Fleckchen Erde könnte auch in Paris liegen. Schon 1986 erklärte die UNESCO Aleppos Altstadt zum Weltkulturerbe, sie wird zu den ältesten des ganzen Orients gezählt. Sehenswert ist der riesige, überdachte Basar, auch Suq genannt. Eine unüberschaubare Anzahl an kleinen und größeren Geschäften mit unerschöpflichen Mengen an angebotener Ware und tollen Gerüchen. Alles ein Hausfrauentraum und der Untergang für jeden Shoppingsüchtigen. Auf keinen Fall den Besuch der Zitadelle auslassen. Das Gebäude stammt aus dem 12. Jahrhundert – Ursprünge des Baues sollen sogar in der Bronzezeit entstanden sein – und thront auf einem Hügel über der Stadt. Die Aussicht ist traumhaft und biete einen tollen Blick über das Chaos an Straßen und Gebäuden. Gegen acht Uhr geht es im schlimmsten Unwetter, bei unfassbarem Platzregen, an die Schlafplatzsuche – eine matschige, unbefestigte Fläche an einer Ausfallstraße, auf der viele Lkw stehen. Kaum geparkt, erscheint der Hüter des Geländes, zum Glück erlaubt er uns zu bleiben. Gegen Mitternacht klopft es, ein älterer Mann mit Palästinenser-Kopftuch steht neben dem Wächter von vorhin, gibt uns zu verstehen: »Ihr müsst mitkommen!« Blöd, schließlich liegen wir schon in den Schlafsäcken. Aber uns ist klar: Eine Wahl haben wir nicht. Es stellt sich heraus, dass er der Vater des Parkplatzwächters ist. Nach kurzem Fußmarsch erreichen wir das Ziel, ihr Zuhause. Ein einfaches, schmales, zweistöckiges Gebäude. Die Frau des Familienoberhauptes wird geweckt, Wasser aufsetzen. Bei einer Tasse Tee erklärt man uns, dass wir unmöglich im Bus schlafen könnten, wir sollen doch bitte in der guten Stube des Wächters übernachten.

Kay: Wir sitzen mitten in der Nacht auf Teppichen im Wohnzimmer der Familie, trinken Tee und sind von der Gastfreundschaft mehr als beein-

druckt. Trotzdem ist die Situation durch die Sprachbarriere etwas merkwürdig. Beide Seiten haben Interesse aneinander, wollen mehr erfahren und mir ist es ein großes Bedürfnis, mich ordentlich zu bedanken. Es endet in einer pantomimischen Darstellung unserer Reise, gewürzt mit deutschen, englischen, spanischen und französischen Hauptwörtern. Bernd lehnt sich zurück, läßt mich machen und lacht sich kaputt. Das bringt alles natürlich nichts, aber die Stimmung ist gut. Am nächsten Morgen bekommen wir den Tee sogar am Bulli serviert, toll.

Von wegen die Parkplatzwächter wollen uns vertreiben – es kam die Einladung zum Tee

Erst nach viel hin und her, ohne das einer der Gastgeber Englisch spricht und wir blöderweise auch kein Arabisch, erlaubt man uns, den eigenen Bus als Nachtquartier zu nutzen und nicht das Wohnzimmer des gastlichen Hauses.

Im Bus versuchen wir uns vorzustellen, was passiert wäre, hätten zwei Syrer bei uns in Hamburg vor der Tür ihr Nachtquartier aufschlagen. Wahrscheinlich käme die Polizei, um sie zu vertreiben – Mist, wir müssen an unserer Gastfreundschaft arbeiten!

Der Basar Suq al-Hamidiya

Kaum zu glauben, aber der Verkehr in Damaskus ist noch chaotischer als der in Istanbul. Allein das Fahren auf der Autobahn (zumindest sieht sie in Teilen aus wie eine) von Aleppo Richtung Hauptstadt verzeiht keine Unachtsamkeit. Geisterfahrer, bei uns ein Drama, hier die Regel. Und nicht nur Autos kommen einem auf der eigenen Spur entgegen. Lkw, Traktoren, Pferdekutschen – alles was kreucht und fleucht nutzt anscheinend gern die falsche Seite, zumindest wenn es einfacher ist, als die breite Straße in aller schnelle zu kreuzen. Offensichtlich nimmt es hier keiner so genau mit den Verkehrsvorschriften, die Hupe ist wichtiger als der Blinker. Es gibt Regeln, die wir erst nach einiger Zeit begriffen haben – zum Beispiel: Wer Rechts abbiegen möchte, macht das auch bei Rot – und Regeln, die wir immer noch nicht durchschauen – wer hat Vorfahrt im Kreisverkehr? Aber auch hier funktioniert die Taktik der ahnungslosen Touri-Dummis: Vorsichtig in die Kreuzung pirschen und im richtigen Moment durchstoßen. Noch übler ist das Parken, selbst erfahrene Großstädter stoßen hier an Grenzen. Nach langem Suchen finden wir eine Lücke, müssen dafür lediglich ein paar Mülltonnen beiseite räumen und ein Verkehrsschild verdrehen, um den Bus, dann wortwörtlich, an den Pfahl des Schildes anzulehnen. Stadt und Verkehr sind selbst für Fußgänger eine interessante Erfahrung: Ampeln, Zebrastreifen? Die gibt es zwar, sie spielen aber kaum keine Rolle. Wenn man über die Straße möchte, wartet man eine kleine Lücke im unendlichen Strom ab, läuft los und verändert auf keinen Fall das Tempo. Die vielen Auto- und Rollerfahrer berechnen den Weg des Fußgängers und kurven knapp vor oder hinter einem vorbei – so zumindest die Theorie! Viele Humpelnde und Einbeinige, gestützt auf

Parken in der Stadt – auf Tuchfühlung mit Straßenschild und Laterne

Große Tuch-Auswahl im Basar

Krücken, lassen vermuten, dass es zumindest nicht immer mit dem blinden Verständnis klappt.

Die Stadt selbst ist der Hit, ein Basar mit unzähligen Gassen, Gerüchen und einer Menge Gedrängel, Teestuben und der sehenswerten Moschee Umayyaden. Die Besichtigung des großen Baues ist spannend. Für uns überraschend, wie ungestört man im Gotteshaus, natürlich barfuß, bummeln und fotografieren kann. Keiner fühlt sich auf den Schlips, sorry, auf den Qamis getreten, solange man die Andacht respektiert. Und natürlich – das Christenviertel, in direkter Nachbarschaft zur Moschee, mit Fußball und Bier in der Kneipe. So macht uns Europäern das Reisen Spaß.

Sehenswert, die Umayyaden-Moschee in Damaskus. Sie ist eine der ältesten Moscheen der Welt

SYRIEN-JORDANIEN

Damaskus–Petra

5087 km

Nach zwei Tagen in der syrischen Hauptstadt geht es weiter Richtung Jordanien. Eigentlich ein Katzensprung, wenn da nicht unser Problem wäre: Das Kartenmaterial, besser gesagt, das fehlende. Bei der Umplanung unserer Reiseroute haben wir den Asien-Anteil auf unserer Tour völlig unterschätzt. Zur Erinnerung: Die Westroute wurde wegen zu vieler Terrorwarnungen verworfen, jetzt fahren wir nach Skizzen aus unserem Reiseführer, dem Lonely Planet, über den Osten. Und die spärlichen schwarz-weiß Strichzeichnungen verführen uns Richtung Golan-Höhen. Keine gute Idee – also umdrehen, wieder rein nach Damaskus. Zwei Stunden und unglaublich wenige 46 Kilometer später entspricht einem Schnitt von 23 km/h haben wir die richtige Straße zum Toten Meer in Jordanien am Wickel.

Mit mittlerweile souveräner Gelassenheit reagieren wir auf die nächste Hürde, die Grenze. Zwar wollen auch die jordanischen Zöllner eine Menge Stempel in unsere Reisepässe und Fahrzeugdokumente drücken, aber alles geschieht deutlich hilfsbereiter und freundlicher als am syrischen Schlagbaum. Wichtig bei der ganzen Prozedur: Das Carnet de Passages muss gewissenhaft ausgefüllt werden. Dank des orangefarbenen Abreißblocks ist es möglich, den VW Bus zollfrei in das jeweilige Land einzuführen. Durch dieses zauberhafte Papier wird die Ein- und Ausreise deutlich einfacher. Wir haben, um das Carnet zu erhalten, 10 000 Euro als Bürgschaft beim ADAC hinterlegt. Kommen wir am Ende ohne Auto aus Afrika nach Hamburg zurück, ist das Geld futsch.

**Jordanien:
Bernd in der
Felsenstadt
Petra**

Schroffe Landschaft, freundlicher Empfang

Zehn Euro für das Visum, neun für die Versicherung – der Start in Jordanien beginnt sympathisch, nur die Geldwechsler wollen uns betuppen. Ihr Trick: Viel Reden, dabei mit Zahlen um sich schmeißen und ordentlich mit den Scheinen wedeln, bis man verwirrt das hingehaltene Geld einsteckt und weiterfährt. Das gelingt ihnen aber bei uns nicht – früher aufstehen, Jungs!

Kay muss fahren, er wurde an der Grenze als »The Official Driver« in die Fahrzeugunterlagen eingetragen. Pech gehabt, die Strecke geht für ihn gleich stressig los, Monster-Stau in Amman. Ein schlimmer Unfall, nicht einmal Feuerwehr und Rettungswagen kommen durch, keiner macht Platz. In der jordanischen Hauptstadt leben knapp zwei Millionen Menschen, anscheinend wollen sich alle zeitgleich mit uns durch die Straßen quetschen. Es geht kräftig rauf und runter, ein Reisebus bremst Kay böse aus, das war knapp, gut reagiert. Sehenswert sind ein unglaublich gut erhaltenes römisches Theater und der Zitadellen-Hügel, gleich im Stadtzentrum. Pflicht ist die Fahrt vorbei am 126,8 Meter hohen Raghadan-Fahnenmast. Monster-Flaggen von bis zu 1800 Quadratmetern können hier

Auch am Toten Meer – das morgendliche Foto gehört zum Reiseritual

gehisst werden, vorrangig natürlich die jordanische. Ganz schön selbstbewusst, Salut! Der Weg ans Tote Meer endet, wie die Fahrt Richtung Jordanien begann – verfahren, blöde Karte. Nur so viel: Zum geplanten Sonnenuntergang haben wir es nicht geschafft. Die Streckenführung: Hölle. Die Landschaft ist eher öde anzusehen. Ab Madaba folgen wir den Hinweisschildern »Death Sea«. Durch eine trockene, steinige Landschaft geht es hoch und runter auf unglaublichen steilen Strecken. Kupplung und Bremsen werden bis über die Schmerzgrenze belastet. Es riecht nach verbrannten Belägen und fühlt sich nach verschlissener Kupplung an. Hoffentlich hält das gute Teil. Wir haben zwar Ersatz dabei, der Wechsel der Reibscheibe ist aber ohne Hebebühne und vernünftiges Werkzeug ein übler Job. Ein grenzwertiger Spaß auch der Gegenverkehr auf den schmalen Straßen – mal kommen einem die Autos komplett ohne Licht entgegen, mal nur auf einem Auge blind. Auch das Heck ist bei fast keinem Wagen korrekt beleuchtet. Die Nacht ist stockfinster und diese Schattengestalten sind spät bis gar nicht zu erkennen, weichen selbst oft erst im letzten Moment aus. Was für ein Glück, dass Kay

Scharfkantig ist der Weg ins Wasser

fahren muss. Angst um die Bulli-Technik, müde und hungrig – die Stimmung im Bus war schon besser auf dieser Tour.

Am Toten Meer angekommen hindert uns keine verschlissene Kupplung, sondern eine Polizeisperre an der Weiterfahrt. Der Plan, direkt am Meer zu pennen, zerplatzt an einem Schlagbaum, aber dafür lassen uns die Jungs an ihrer Wache campen, kommen in der Nacht auf ein Bier und ein paar Kippen zum Plauschen am Bulli vorbei, alles entspannt. Der nächste Morgen belohnt mit reichlich Sonne. Ein paar Kilometer fahren und ab ins Wasser. Autsch, autsch – was auf dem ersten Blick wie Sandstrand aussieht, besteht in Wirklichkeit aus scharfkantigen Salzablagerungen – schmerzhaft. Und, es stimmt: Man geht im Toten Meer nicht unter, zumindest nicht so leicht, ein Traum für jeden Nichtschwimmer. Allerdings fühlt sich das extrem salzige Wasser – der Salzanteil liegt bei knapp 30 Prozent – die Nordsee hat gerade mal drei, auf der Haut ziemlich merkwürdig an, brennt schlimm in den Augen und an den zerkratzten Fußsohlen. Die klebrige Lauge lässt sich nur schwer wieder vom Körper abwaschen. Die nassen Klamotten trocknen auch nach Stunden nicht.

Kaum aus dem Wasser raus, rauscht ein Militär-Pick-up an. Vorne zwei grimmige Soldaten im Auto sitzend, auf der Ladefläche ein dritter stehend – der üble Typ auf der Pritsche richtet ein riesiges Maschinengewehr auf uns. Bitte, nicht schießen! Erster Gedanke: Die israelische Grenze ist nah – hoffentlich sind wir ihnen nicht zu weit raus geschwommen. Oder halten sie uns für Flüchtlinge? Nee, auch unsere kurzen Badehosen stören sie nicht. Kay hat Fotos gemacht, als sie an uns vorbei fuhren. Nach einem klärenden Blick auf die Bilder in der Kamera, gibt es einen Daumen nach oben und ein »Gute Fahrt« mit auf den Weg. Auf den Fotos sind nur Kamele zu sehen, und die hatten zu unserem Glück keine Uniformen an. Weiter nach Petra, den Kulturinteressierten als eines der sieben neuen Weltwunder bekannt und RTL-Zuschauern aus dem Kinofilm »Indiana Jones«.

Wir kommen erst um kurz vor 16 Uhr an. Der erste unfreundliche Jordanier, den wir treffen, verlangt patzig 33 Euro Eintritt pro Nase, obwohl so spät kaum Zeit für eine vernünftige Besichtigung bleibt und beantwortet keine unserer Fragen. Genervt verlassen

Schwimmunterricht für Landratten – dank 30 Prozent Salz bin ich unsinkbar

wir Petra, 130 Kilometer sind es Richtung Küste nach Aqaba. Die Straße ist gut, die Strecke bietet viel Landschaft, aber kaum Abwechslung – Geröll, Sand, Gestrüpp in wechselnder Zusammensetzung und Reihenfolge. Es gilt, am nächsten Tag das Visum für Ägypten zu besorgen. Soweit der Plan, klappt nur nicht: Freitags und auch samstags ist Ruhetag, das heißt mindestens zwei weitere Tage in Jordanien warten. Also wieder zurück nach Petra, schön früh, damit es sich lohnt. Und dann das: Schnee und Hagel, offensichtlich bringen Hamburger ihr Schietwetter sogar in die Wüste mit. Nach einer Horrorfahrt mit einer Sicht von unter 30 Metern, Blitz und Donner landen wir wieder am Ausgangspunkt des kleinen Abstechers Richtung Küste, um zu erfahren, dass die antike Stadt geschlossen ist, schlicht abgesoffen. Und wir haben uns so beeilt, durch den dichten Nebel gekämpft!

Okay, wir lassen uns nicht runterziehen, schlagen in der Nähe des Einganges unser kaltes Nachtlager auf. Es hagelt und stürmt, viel Hoffnung auf Einlass am nächsten Tag machen wir uns nicht. Bei gefühlten minus zehn und tatsächlichen Null Grad – zur

Hamburger und Regen: Wir bringen das Schietwetter sogar in die Wüste mit

Hier ist schon Indiana Jones durchgeritten: Der Siq, die enge Schlucht in Petra

Erinnerung: Wir sind in Jordanien – schlottern wir durch die Nacht, um an einem wolkenverhangenen Morgen aufzustehen. Vor dem Bulli liegen tatsächlich kleine Schneewehen aus zusammengeblasenen Hagelkörnern. Und trotzdem, wir haben uns zu viele Sorgen gemacht: Wir sind drin – und das Frieren hat sich gelohnt: Der Gang durch den engen Siq, das ist die aus dem »Indiana Jones« bekannte Schlucht, der Blick auf das in den Fels geschlagene Schatzhaus und die vielen weiteren Gebäude, zum Teil deutlich älter als 2000 Jahre, entlohnen für die kalte Nacht im Bus, alles ist wunderschön. Wir machen eine längere Wanderung, kraxeln durch die Berge und sind total begeistert.

JORDANIEN–ÄGYPTEN

Wadi Rum–Aqaba–Dahab

5387 km

Es gibt so viele Tempel und Grabhöhlen in Petra zu entdecken, da ist es schwer sich loszureißen. Nach rund vier Stunden ruft die Wüste: Wadi Rum – man sagt, wer nur ein paar Stunden Zeit hat, um die Wüste kennenzulernen, ist hier richtig. Hier wurde »Lawrence of Arabia« gedreht, wir drehen eine kurze Runde mit unserem Bulli durch die Dünen. Unsere ersten Offroaderfahrungen und schon keimt das Gefühl: Der T3 scheint im tiefen Sand etwas schlapp auf der Brust zu sein.

Erste Begegnungen in der Wüste

Entspannen im Hafen von Aqaba

Zurück in Aqaba, zwei Flaschen Bier geschnappt und ab zur Hafenmole einen eindrucksvollen Sonnenuntergang am Fuße eines Leuchtturms erleben. Unglaublich, wir sitzen in einer Ecke des Roten Meeres, die es politisch in sich hat: Im Westen Palästina und Israel, im Osten Saudi-Arabien und gegenüber die Sinai-Halbinsel – alles auf Sichtweite. Zwischendurch geht es dann noch an Verkehrsschildern vorbei, die den Weg Richtung Irak zeigen.

Nach dem kalten Bier an der Hafenmole, der erste Schock auf dieser Reise: Der Bus ist aufgebrochen worden, unsere Sachen durchwühlt. Die Freundlichkeit der Leute hat uns zu leichtsinnig gemacht. Kays iPhone ist weg und unser Navigationsgerät fehlt. Ärgerlich, hätte aber auch viel schlimmer kommen können. Zum Glück haben sie unsere geheimen Verstecke für Geld und Pässe nicht entdeckt, obwohl sie unser ganzes Hab und Gut schon so gut wie in den Fingern hatten. Gerade das gestohlene Navi ist blöd. Wir hatten auf den kleinen Rechner Afrika-Material geladen und uns schon diebisch auf das völlig neue Fahrgefühl gefreut – unser Kartenmaterial war bisher katastrophal. Kay schreibt voller

Verzweiflung vier Zettel »Reward for returning my iPhone« und klebt sie an die Seiten des Busses, hofft, dass sich mithilfe eines Finderlohns das geliebte iPhone wieder auftreiben lässt. Zumindest hat sein Gemeckere und der anschließende Aktionismus die Aufmerksamkeit von zwei Jordaniern geweckt. Ahmer und Fasial parken zufällig neben uns, den beiden ist der Diebstahl in ihrem Land peinlich, sie wollen helfen und klappern mit Kay alle Handyläden ab. Ihre Vermutung: Der Dieb macht das Smartphone schnellstmöglich zu Geld. Pustekuchen, Sherlock-Kay Holmes und seine beiden Gehilfen kommen ohne Telefon zurück. Zum Trost spendieren sie eine kleine Flasche Küstennebel, merkwürdige Trinkgewohnheiten haben die Jordanier, versprechen morgen noch einmal die Runde durch die Handyläden für uns zu drehen.

Dankeschön: zur Erinnerung ein Kiez-zum-Kap-Aufkleber für die Windschutzscheibe

Strand in Aqaba: Es gibt schlechtere Plätze um auf eine Fähre zu warten

Schade, dass sich Asien so verabschiedet. Jordaniens einzige Hafenstadt, Aqaba, ist unser Tor über den Sinai Richtung Afrika. Man könnte auch durch Israel fahren, aber wir wollen die Fähre nehmen, um Probleme bei der Einreise in den Sudan zu vermeiden. Mit einem israelischen Stempel im Reisepass oder den Fahrzeugpapieren würde der Schlagbaum für uns mit großer Wahrscheinlichkeit verschlossen bleiben. Immer diese blöden religiösen Konflikte, wir hätten uns liebend gern von der Festung Masada über die Klagemauer bis zur Grabeskirche im Heiligen Land umgesehen und natürlich ausgelassen in Tel Aviv gefeiert.

Das ägyptische Konsulat in Aqaba ist speziell, der Beamte ein unglaublicher Unsympath, behandelt uns aufgesetzt freundlich, raunt seine eigenen Landsleute aber die ganze Zeit mehr als übel an. Es gab in den Neunzigern eine Sendung, die hieß »Die Dinos«; der Chef des Hauptdarstellers, »Basilius P. Richfield«, ein Köpfe abbeißender Dinosaurier, hat verblüffende Ähnlichkeit mit diesem Typen. Am Ende haben wir das Visum in der Tasche und den Kopf immer noch auf dem Hals, bloß raus aus diesem unfreundlichen Haus.

Zum Teil schwer beladen warten die Autos vor der Fähre Richtung Sinai

Bevor es zur Fähre Aqaba–Nuweiba geht, meldet sich tatsächlich Fasial, leider mit schlechten Nachrichten: Kays iPhone bleibt verschwunden. Schade, danke und tschüs. Die Zeit drängt, die Fähre soll in zwei Stunden starten. Der Bulli schaukelt wie wild, nicht wegen des hohen Tempos, es bläst eine steife Briese von Süd-West. Eine böse Vorahnung. Und tatsächlich, unser Boot liegt im Hafen fest, zu viel Wind, zu hohe Wellen. Macht nichts, ein toller Schlafplatz mit Blick auf den Golf von Aqaba entschädigt.

Am nächsten Morgen ist vor der Fähre die Hölle los – viele Lkw und Privatautos warten aufs Verladen, alle schwer bepackt. Neben uns steht eine neue S-Klasse. Selbst dieser 100 000-Euro-Mercedes hängt unter der Last von Bergen von Gepäck auf dem Dach und im Kofferraum in den Anschlagpuffern der Hinterachse. Der in traditioneller Kluft gekleidete Fahrzeugbesitzer, ein Ägypter, erklärt, er komme aus Saudi-Arabien, sei Geschäftsmann. Die stümperhaft sandfarben übermalte Motorhaube und das ebenso angestrichene Dach sollen Sonnenspiegelungen vermeiden und verhindern, in der Wüste von Terroristen ins Visier genommen zu werden, meint er. Gruseliger Gedanke!

Der Bulli wird zur Kontrolle geröntgt

Das Verwirr-Spiel beim Einschiffen kennen wir mittlerweile: viele Stempel, viel Gequatsche, viel Hin und Her, bis fünf Stunden später alles klappt und der Bulli, nachdem er in einer Blechhalle geröntgt wird, endlich auf die Fähre rollen darf. Ein teurer Spaß: 225 Dollar für den VW Bulli, plus 50 Dollar Nachschlag – wir besitzen einen übergroßen Minibus, erfahren wir – und je 60 Dollar pro Person. Autsch, viel Geld für den kurzen Hüpfer über den Golf von Aquaba. Bevor der Dampfer ablegt, spielt sich noch eine merkwürdige Szene ab: Zirka 100 Gefangene, jeweils zu zweit zusammen gefesselt und schwer bewacht, werden auf die Fähre geführt. Ein Mitreisender erzählt, es handele sich um die Abschiebung illegal Eingereister beziehungsweise straffällig gewordener Ägypter Richtung Heimat.

Abgeschoben: illegale Einwanderer

Fernfahrer: Der Koch versteht sein Handwerk

Wenn bei diesem Preis die Überfahrt wenigstens für uns zahlende Gäste ein Vergnügen wäre: Selbst der Reiseführer nennt das in Norwegen ausgemusterte Schiff langsam. Und das ist eine unglaubliche Untertreibung, wir diskutieren, ob es überhaupt vorwärts geht, oder ob wir von der Strömung rückwärts durchs Wasser getrieben werden. Nichts gegen Kraftstoffsparen und den Umweltschutz, aber das ist zu viel des Guten. Kay nimmt es gelassen und schreibt an seinem Tagebuch, ich kann mich nicht konzentrieren, könnte vor Ungeduld in die Reling beißen. Statt der angegebenen drei dauert die 40 Kilometer lange Strecke fünf Stunden, zum Schluss werden wir dann auch noch für eine halbe Stunde auf Deck eingesperrt, keine Erklärung warum, das nervt! Nur runter von diesem Seelenverkäufer, nicht dass er zu guter Letzt noch mit uns Richtung Hades abbiegt.

Kay genießt die Überfahrt – mir platzt der Kragen, es geht viel zu langsam

Alles nichts gegen die verstörenden Formalitäten am ägyptischen Zoll. Um uns herum werden die schwer bepackten Autos akribisch gefilzt, das gesamte Gepäck ausgeladen und durchsucht. Überall auf dem unbefestigten, staubigen Gelände stehen Berge an Mitbringseln verteilt. Der Touristenbonus sorgt zumindest bei unserem Bulli für milde gestimmte Beamte, wir müssen nicht alles ausräumen. Bei der Fahrgestellnummer sind sie wieder streng, ein Beamter schmeißt sich unter den Bus und paust die Zahlenkombination mit einem Bleistift auf ein weißes Papier ab, um sie so besser entziffern zu können. Immerhin gibt der Kontrolleur bei der Motornummer auf. Die versteckt sich hinter der Einspritzpumpe, tief im Motorraum. Das ist dann sogar ihm zu viel Aufwand, als er sieht, was wir alles ausräumen müssten, um Platz zu schaffen. Selbst an den Pannenfall wird gedacht, zwei Feuerlöscher und ein Verbandkasten sind Pflicht, kein Problem, können wir vorzeigen. Nur so viel – ohne Hilfe eines speziell für Touristen abgestellten Beamten sind die vielen Aufgaben kaum zu bewältigen. Kay ist mit diesem Typen über zwei Stunden unterwegs. Bezahlt Gebühren, füllt Formulare aus, lässt sie abstempeln um sie an einer weiteren Stelle wieder abzugeben. Warum einfach, wenn es auch kompliziert geht? Sollte noch einer über deutsche Bürokratie meckern, bitte, fahrt nach Ägypten. Schließlich befestigen wir am Ende des Behördenmarathons alte, verbeulte Nummernschilder über unsere Hamburger Kennzeichen und verlassen, um 175 Euro erleichtert, mit unserer ägyptischen Kfz-Zulassung den Hafen Richtung Dahab, um Maria einzusammeln. Meine Freundin wird uns die nächsten zweieinhalb Monate begleiten. Bin gespannt, wie sich Kay mit ihr verstehen wird, zwei schwierige Charaktere auf engstem Raum! In unserer kleinen Männer-WG hat sich mittlerweile alles ziemlich eingegroovt. Anfangs gab es noch Unstimmigkeiten, mal war ich Kay zu schnell, dann er mir zu langsam. Oder, der Klassiker, man selbst benötigt gerade unbedingt etwas aus den Regalen des Busses, aber genau in diesem Moment steht der Andere vor den Schränken und bewegt sich nicht einen Millimeter zur Seite. Ärrrhh, zum Zähne fletschen. Alles Geschichte, wir haben es gefunden, das Geheimnis ewig währender friedlicher Koexistenz. Vergesst Paartherapien, fragt uns. Reden ist Silber, Schweigen ist Gold. Einfach mal den Ärger runterschlucken, zwei, drei Schritte gehen und bloß nicht anfangen, aus der Wut heraus zu diskutieren – funktioniert nicht. Wer kurz wartet, bis der Druck vom Kessel ist, fragt sich meist nach ein paar Minuten selbst: »Warum war ich eigentlich gerade so sauer?« Und auch ganz wichtig: Jeder macht mal einen Fehler, vergisst, Papiere zu stempeln oder hält einen Straßenplan falsch herum. Kein Drama. Und passiert tatsächlich einmal etwas extrem Doofes, lässt sich nicht mehr ändern und sorgt so für ein Riesenproblem – am Ende muss eine Lösung her, rumzuschreien hilft dabei Null Komma Null, Nachdenken schon.

Und bitte, nie gegen die Natur der Dinge – Kay ist zwar ein guter Autofahrer, aber ich bin ein sehr schlechter Copilot. Diese Erkenntnis hat mit Abstand am meisten zum innerbusbetrieblichen Frieden beigetragen. Die Regelung hat noch etwas Gutes, Kay ist der Fotograf im Team, kann so seine Bilder schießen, ohne dass wir ständig stoppen müssen.

Kay: Diese Aufgabenteilung war vorhersehbar. Wenn Bernd fährt, dann fährt er. Umdrehen, stoppen, zurückfahren, alles nur ungern. Totale Fassungslosigkeit, als ich ihn bitte anzuhalten, damit ich Blumen fotografieren kann. Nörgeleien und das ständige kritische Beobachten meines Fahrstils, sobald er auf dem Beifahrersitz Platz nimmt. Aber alles keine Überraschung, er ist der beste Autofahrer, den ich kenne. Er hat es mehrmals geschafft, mit dem schweren Bulli sanft zu driften und ich bin dankbar, dass er bei den üblen Situationen am Steuer sitzt.

Golf von Aqaba – der Sinai, Israel, Jordanien und Saudi Arabien grenzen an ihn

**Kairo:
unsere erste
afrikanische
Hauptstadt**

ÄGYPTEN

Dahab–Kairo

5918 km

Das Ufer rund ums Rote Meer hat viele Gesichter – wer im Massentourismus von Hurgarda landet, blickt in seine hässliche Fratze. Kitschige Hotelburgen mit übertriebenen Fassaden, die direkt aus einem Hollywoodstreifen zu stammen scheinen, fressen Massen an Pauschalreisenden. All-inclusive, auch den überall verklappten Müll gibt es gratis zu besichtigen, wenn man ihn denn sehen will. Gut, dass wir statt im Touristenflieger und klimatisierten Reisebus im luftigen Bulli unterwegs sind, denn der bringt uns nach Dahab auf die Sinai-Halbinsel. Auch hier gibt es üble Ecken, aber wer sich etwas Mühe gibt, findet ein paar Wohlfühloasen. Auf weichen Teppichen am Strand entspannen, ein brennendes Lagerfeuer – kaltes Bier löscht den Durst in unseren Kehlen, kuschelig, die Stimmung ist erstklassig. Bevor es zurück auf die Straße geht, geht es erst einmal unter Wasser: Unglaublich, an Land trostlose Wüste – nur Romantiker und Liebhaber von Skurrilem können dieser zumindest auf den ersten Blick pflanzen- und tierlosen Gegend etwas abgewinnen. Steckt man aber den Kopf nur ein paar Meter vom Ufer entfernt unter Wasser, haut einen die Farbenexplosion geradezu um. Korallengärten mit vielen bunten Fischen faszinieren mit ihrem lebendigen Treiben. Das Rote Meer ist mit dieser Artenvielfalt ein absolutes Tauchparadies, zur Not reicht auch ein Schnorchel. Schwein gehabt, der Ausrüstungs-Verleiher scheint sich mehr fürs Geld und weniger für einen gültigen Tauchschein zu interessieren, so können wir mit Pressluft durch die Gärten wandern. Ein Nachteil hat das Verwöhnprogramm in Dahab: Es muss irgendwann enden, sonst fällt die Weiterfahrt aus dieser Wohlfühloase zu schwer.

Trocken, die Strecke durch den Sinai

Die Strecke durch den Sinai fängt in den Bergen ganz nett an, endet aber langweilig Richtung Suezkanal. Trockene, hügelige Steinformationen, zwischendurch kleine Oasen mit verstaubten Palmen, viele Ruinen und viel Müll. Das Grün ist grau. Nur die chaotischen Polizeikontrollen sorgen für Abwechslung: Einmal wollen sie unsere Pässe, bei der nächsten den Führerschein, um dann ein paar Kilometer weiter einen Blick in den Bulli zu werfen. Grund für die Neugier ist die politische Bedeutung dieses unruhigen Stückchen Landes nahe Israel. Wir sind schnell als terroristisch unverdächtig aufgeflogen, so richtig suchen sie bei uns jedenfalls nicht. Soll uns recht sein, das verkürzt die unnötigen Stopps durch die nervigen Ordnungshüter. Der Suezkanal ist eine Enttäuschung, kaum Schiffe zu sehen, schnöde durch einen Tunnel geht es weg von der Sinai-Halbinsel und endgültig von Asien nach Afrika.

5672 Kilometer nach dem Start in Hamburg die erste afrikanische Hauptstadt: Kairo. Der Reiseführer spricht von unglaublichen 18 Millionen Einwohnern und alle scheinen gleichzeitig Auto fahren zu wollen. Die vielen Menschen sind Grund für eine ungewöhnliche Verkehrsführung. Um die Massen irgendwie am Fließen zu halten, sind ganze Straßenzüge mit Brücken überbaut. Man fährt, dem Fliegen gleich, in der dritten Dimension. Die Bewohner darunter sind blöderweise zum Leben in Dunkelheit verdonnert, man kann nicht alles haben. Auf ins Getümmel! Die Erfahrungen aus Istanbul und Damaskus sind hilfreich, der gelbe Bulli meistert hupend und drängelnd das Chaos. Schiebt sich in die verstopften Kreuzungen und teilt die Ströme wie ein warmes Messer die Butter. Keine Ahnung warum, aber irgendwie funktioniert es wunderbar.

Um den Verkehr in den Griff zu bekommen sind Häuserzeilen mit Brücken überspannt

Selbst ein nettes, kleines Hotel findet sich im ganzen Chaos, nicht weit weg vom Ägyptischen Museum. Rund 14 Euro kostet das Doppelzimmer, mit eigenem Bad. Der ganz besondere Service in unserer neuen Bleibe: Statt Wecker beendet das Kikeriki eines Hahnes die Nacht. Nutztierhaltung mitten in der Millionenmetropole, es

Kinder, oft siegt ihre Neugier

gibt auch Esel, Ziegen und Schafe! So ist zumindest das Frühstücksei frisch – vorausgesetzt, der Hahn hat auch eine Henne. Nur leider ist die Bude ohne Parkplatz. Jeder Versuch, den Wagen abzustellen, endet gleich: Ein netter Herr, mal mit und mal ohne Uniform, aber immer mit Kanone am Gürtel erklärt, dass wir gerade dort nicht parken dürften, warum sagt er natürlich nicht. Nach vielen verzweifelten Anläufen endlich eine Möglichkeit: ein privater Abstellplatz, dummerweise fast so teuer wie das Hotelzimmer. Egal, Hauptsache, dem Bulli geht es gut.

Neben dem Besuch der Pyramiden gibt es einen weiteren Grund für den Aufenthalt in der ägyptischen Metropole: Es gilt, das Visum für den Sudan zu besorgen. Gar nicht so einfach, die versteckt liegende Botschaft im Straßengewirr zu finden. Sie duckt sich geschickt im Regierungsviertel. Der erste Versuch, das Visum zu ergattern, scheitert – der nette Beamte möchte sich vergewissern, ob er es tatsächlich mit rechtschaffenen Bundesbürgern zu tun hat. Im Klartext: Für die Einreise ist ein Empfehlungsschreiben der Deutschen Botschaft nötig, leider hat die schon zu. Schade, denn die nächsten beiden Tage geht auch nichts – heiliger Freitag, auf den folgt der freie Samstag. Aber am Sonntag, in Ägypten arbeiten unsere Staatsangestellten an diesem Tag, gibt es das fehlende Papier. Was für ein Unterschied: Der Eingangsbereich und Warteraum in der sudanesischen Vertretung erinnert eher an die Wartehalle eines Busbahnhofs, in die jeder Bittsteller einfach so reinlatschen kann. Die Deutsche Botschaft ist das krasse Gegenteil, sie liegt auf der Nil-Insel, ist eine Festung. Hohe Zäune, Eingangsschleusen mit Panzerglas und Passkontrolle. Aber das entscheidende sind bekanntlich die inneren Werte. Und leider, leider, lieber Sudan, auch hier punkten unsere Beamten: Anliegen vortragen, Gebühr bezahlen, Bestätigung geschrieben, fertig! Höflich und schnell. Mit dem nötigen Schriftstück und einem Bündel Geld in der Hand geht es endlich auch in der sudanesischen Botschaft voran. Um 100 Dollar und zwei Passbilder pro Nase ärmer, schon gibt es, nach einem weiteren Tag geduldigen Wartens, das Visum in die Hand gedrückt. Warum einfach, wenn es auch kompliziert geht!

Einen Vorteil der Zwangspause: Maria hat eine schlimme Entzündung im Auge, die höllisch wehtut und hier in einem Krankenhaus behandelt werden kann. Gut, dass das in Kairo und nicht irgendwo im Sudan passiert ist. Aber auch hier erinnert die Klinik an das 19. Jahrhundert – alte Gerätschaften, der gekachelte Behandlungsraum ungemütlich und unaufgeräumt, aber der Arzt macht einen kompetenten Eindruck. Diagnose: tiefer Kratzer in der Hornhaut. Für eine Behandlung geht es zum Spezialisten in ein weiteres Hospital quer durch die Stadt. Es ist größer und vor allem moderner. Maria bekommt eine Spritze direkt ins Auge. Schon in Deutschland eine gruselige Vorstellung, in Afrika ein Horror-Gedanke!

Für sie fällt damit Sightseeing aus, blind wie ein Maulwurf müsste sie die Sehenswürdigkeiten ertasten. Schade, aber nicht zu ändern. Zumindest für Kay bleibt Zeit für die Touristen-Tour, ich begleite Maria auf ihrem Krankenhaus-Marathon. Die Pyramiden und die Sphinx von Gizeh faszinieren, und noch viel überraschender ist ihre Lage. Naiv vermutet man sie in den unberührten Weiten einer malerischen Wüste – tatsächlich kann man sie aber vom Zentrum

Apfelsinenhändler – Eselskarren gehören zum Straßenbild der Hauptstadt

aus mit einem Taxi besuchen – je nach Verhandlungsgeschick kostet das eine Hand voll Dollar. Kairos beziehungsweise Gizehs Moloch verschluckt allmählich diese unglaublichen Baudenkmäler, bedauerlich.

Mindestens genauso beeindruckend ist der al-Azahr-Park. Nicht unbedingt wegen der Botanik, es ist die unfassbare Aussicht! Ein Blick über die Stadt: oder passender über das Gebäude-Gewimmel und unzählige Minarette. Unser Timing ist perfekt, in einer Ecke der Stadt ruft ein erster Muezzin zum Abendgebet. Der Startschuss, fast zeitgleich erklingt der Ruf aus tausend Kehlen, von tausend Moscheen. Laut und für abendländische Ohren gewöhnungsbedürftig, hat das aus den vielen Lautsprechern erklingende Gebet etwas gänsehautmäßig schönes.

Und dann sind da noch die vielen Händler. Merke: Je mehr man sich den ägyptischen Sehenswürdigkeiten nähert, desto aufdringlicher ihr Auftreten. Und die Verkaufsfüchse erkennen den Bundesbürger in uns, sprechen uns passend auf Deutsch an. Erzählen von ihrem Onkel, Bruder, Cousin, der zufällig auch in Hamburg leben würde.

So viel Gemeinsamkeit verbindet, das müsse man doch bei einer Tasse Tee begießen. Also, reingezogen in den Papyrus-, Antiquitäten-, Schmuck- oder Parfümladen und nach ein paar weiteren höflichen Worten das tolle Angebot gepriesen: »Seht euch doch mal um in meinem schönen Laden.« Die Jungs haben es drauf, es verlangt Standfestigkeit. Kay knickt bei so viel kaufmännischen Geschick ein und ersteht tatsächlich ein Rosen-Wässerchen. Kaum raus aus der Bude ärgert er sich maßlos. Zu recht, das dufte Angebot ist ein übler Stinker. Egal, Lehrgeld bezahlt und es funktioniert – ab jetzt gleiten die schmierigen Händlertricks an ihm ab, wie ein Spiegelei an Teflon. Auch interessant: der Umgang mit Alkohol. Bekanntlich nicht für Moslems erlaubt, finden sich einige Kneipen in der Stadt. Rappelvoll mit Leuten, die Fenster blickdicht verschlossen, genießt man in ausgelassener Atmosphäre ein gepflegtes Bier. Unser Stammlokal soll früher die Kehlen englischer Wachsoldaten mit Guinness und Ale geschmiert haben. Es ist auf jeden Fall ein guter Ort, um mit Einheimischen, aber auch anderen Touris ins Gespräch zu kommen.

Blick Richtung Stadt: Die Sphinx und die Pyramiden stehen fast in der Innenstadt Kairos

Palmen vor dem Luxor-Tempel

ÄGYPTEN
Kairo–Assuan

6863 km

Nach neun Tagen Kairo geht es weiter Richtung Luxor – ohne die immer noch halb erblindete Maria. Ihr Auge ist schlimmer verletzt, als Anfangs vermutet. Der Entschluss steht – sie soll ihr Auge weiter in Kairo behandeln lassen, kommt, wenn die Laborwerte in Ordnung sind, direkt mit einem Nachtzug nach Assuan, dem Startplatz unserer Fähre in den Sudan.

Zu zweit im Bus, wieder alles auf Anfang. Bei allem Pech mit ihrer Gesundheit hat sich Maria zumindest bei dieser Etappe eine Menge Generve erspart. Im Bus wird nach ein paar hundert Kilometern der Diesel knapp. An den Tankstellen entlang des Nils herrscht entweder gähnende Leere oder großes Gedrängel. Je nachdem, ob der Selbstzünder-Kraftstoff aus den Zapfhähnen sprudelt oder nicht. Zweimal in einer Schlange angestanden und zweimal aufgegeben. Zu frustrierend – wir sind nicht unverschämt genug, ständig drängelt sich jemand vor, oder es werden knallhart 2000-Liter-Fässer auf der Ladefläche eines Pick-up gefüllt, mit den kleinen Zapfpistolen ein ewig dauerndes Vorhaben. Mit dem letzten Tropfen Sprit aus den Reservekanistern rollt der Bulli auf eine Tankstelle mit einer erträglich langen Schlange, es dauert nur eine knappe Stunde. Ein schlechtgelaunter Tankwart befüllt den Bus, die Reservekanister will er nicht betanken. Bei 21 Cent den Liter scheint die Motivation Sprit zu verkaufen nicht so groß zu sein. Erst einmal sind wir für die nächsten gut 500 Kilometer gerettet!

Wo ist bitte die Schlange? Typisches Chaos vor ägyptischen Tankstellen

Die Polizei fährt zum Schutz vorweg

Nicht nur das Tanken ist chaotisch, der erste Versuch, am Nil im Bus zu schlafen, endet mit einem Polizeieinsatz. Gleich acht Ordnungshüter klopfen uns mitten in der Nacht aus dem Schlaf, stehen in Asyut, mit Kalaschnikows und Karabinern bewaffnet, um uns herum und beraten, was mit uns zu tun ist. Ihre Erklärungsversuche scheitern, kaum Englisch, zu wenig Hände und Füße für das, was sie uns zu sagen haben. Schwer zu begreifen, wo eigentlich ihr Problem liegt. Okay, verstanden: Eigentlich dürften wir gar nicht dort sein, uns fehlt der nötige Polizeischutz für eine Fahrt entlang des Nils. Wir sollen in ein Hotel fahren, wollen aber nicht. Am Ende ist es drei Uhr Nachts, bis endlich Ruhe im Bus herrscht. Unser Schlafplatz: der Polizeiclub in Asyut. Um halb acht morgens bollert es schon wieder gegen die Bulli-Tür, man will uns offensichtlich los werden, bevor der Chef zum Frühstück vorbeischaut. Morgentoilette nach einer viel zu kurzen Nacht, unter den Blicken von diesmal sieben Polizisten – ein schlechter Start in den Tag.

Der Polizeiclub, unser unfreiwilliges Nachtlager am Nil, erklärt zumindest, warum es in diesem Land so viele Polizisten gibt: Ein gepflegtes Restaurant, ein toller Sportplatz und eine traumhafte Lage direkt am Wasser des Nils. Der ägyptische Schutzmann weiß, wie es sich privilegiert leben lässt.

Anhand der Uniformen können wir mittlerweile eine grobe Einteilung der einzelnen Polizisten und ihrer Fähigkeiten machen: Braune Uniform, ohne Abzeichen: braucht Hilfe beim Anziehen. Braune Uniform, mit Abzeichen: darf eine Kalaschnikow auf Touristen richten.
Blaue Uniform, mit einem Balken: kennt jemanden, der Englisch spricht.
Blaue Uniform, mit einem Stern: spricht genau so viel Englisch, um für Verwirrung statt Aufklärung zu sorgen.

Für uns geht es weiter Richtung Luxor. Aus irgendeinem Grund wollen die Typen, dass wir nach rechts abbiegen, wir fahren nach links. Zu unserem eigenen Erstaunen reicht der kleine Haken, es geht erst einmal ohne Polizeieskorte weiter. Obwohl die schwer bewaffneten Herren genau das in der letzten Nacht so eindringlich bemängelt hatten, entkommen wir ihnen jetzt recht einfach. Nach rund fünf Kilometern ist aber schon wieder Schluss mit der neu gewonnenen Freiheit – Polizeisperre. Viel Gerede, woher und wieso allein, bis ein Pick-up mit 40 Kilometer pro Stunde und bewaffnetem Bewacher auf der Ladefläche vorausfährt. Nervig, man reist durch eine wunderschöne, grüne Gegend entlang des Nils und hat die ganze Zeit diese Aufpasser-Bremsen vor der Bulli-Nase. Ungeduld hat in Afrika nichts zu suchen, also brav hinterher gezuckelt. Und Überraschung, schon an der nächsten Sperre geht es ohne Beschützer weiter. Verstehe einer die Ägypter, sorry, die ägyptischen Bullen!

Schnell den unbeobachteten Moment für eine Kaffeepause am Nil genutzt. Von wegen unbeobachtet: Kaum geparkt, ist das halbe Dorf aus der Nachbarschaft am Bus zu Gast. Händeschütteln,

Erst der Esel, dann kam das halbe Dorf vorbei

Mit der Fähre Richtung Tal der Könige

Kauderwelsch, Fotos machen. Babys, Esel und Hunde streicheln – es dauert, bis es weiter geht. Offensichtlich zu lange für die Staatsmacht, an der nächsten Kontrolle große Aufregung, Gemeckere, wo sind wir nur so lange geblieben? Klar, dass das so nicht weitergehen kann mit uns, also wieder vier Mann zur Bewachung mit, diesmal in einem Auto hinterher. Rund 50 Kilometer vor Luxor verschwinden auch die letzten nervigen Gesellen. Sie biegen einfach ab, ohne sich zu verabschieden, das macht man doch nicht. Den Rest der Strecke scheint man uns allein zuzutrauen.

In Luxor findet sich ein kleines Hotel, direkt am zentralen Tempel liegend. Für mich als großer James-Bond- und Hercule-Poirot-Fan ist es lustig, an den altbekannten Säulen und Statuen vorbeizuschlendern. Man hat das Gefühl schon einmal hier gewesen zu sein, dem Fernsehen und Kino sei Dank! Ein Restaurant mit Dachterrasse, Blick auf den Obelisk und kühles Bier, ein guter Abend. In der alten Stadt am Nil stolpert man über viele antike Sehenswürdigkeiten und noch viel mehr Touristen. Klar, alle Ägyptenbesucher trampeln die gleichen, ausgetretenen Pfade entlang.

Nicht unsere Sprache: Hieroglyphen an einem Obelisk

Ausgeschlafen geht es ins Tal der Könige. Erst mit einer Fähre über den Nil, die Sehenswürdigkeiten liegen im Westen, dann weiter mit einem Privat-Fahrer in einem gemieteten Auto. Schön, sich mal kutschieren zu lassen. Die hügelige Landschaft ist wirklich karg, nur vereinzelt stehen ein paar Palmen an den Häusern. Früher Nachmittag und überraschend wenig los. Schnell wird klar warum: Zu heiß für Massentourismus, 42° Celsius und wir haben die Gräber für uns allein. Genau genommen den Besuch von dreien, denn der Eintritt von rund elf Euro erlaubt nur diesen kleinen Ausflug in die Duat, das ägyptische Totenreich. Wer mehr sehen möchte, muss auch mehr Eintrittskarten kaufen. Für ein kleines Trinkgeld gibt's den Tipp, die Gräber von Thutmes III, Tausert und Ramses III zu besuchen. Die 50 Cent Informantenhonorar haben sich gelohnt, wunderschön bemalte Reliefs gibt es zu bestaunen, bei Thutmes könnte man fast auf die Idee kommen, die Malereien seien erst vor ein paar Tagen mit dem Edding nachgezogen. Am Ein- und Ausgang des Infozentrums das aus Kairo bekannte Bild: Souvenir-Händler hetzen Touristen vor sich her. Nein, nein, wir wollen nichts kaufen, auch keinen Tee, uns

Per Anhalter: Die Arbeiter klammern sich an einen Tanklaster

interessiert auch euer Onkel in Deutschland nicht – sucht euch andere Idioten für den überteuerten Plunder! Unser Fahrer rettet uns, auf geht's zum nächsten historischen Gebäude, dem Totentempel der Hatschepsut in Theben. Der Besuch ist lohnenswert, die Bauart unterscheidet sich von anderen Gebäuden aus der Pharaonenzeit. Lange Rampen, hohe Säulengänge, fein ausgearbeitete Pfeiler und bunte Darstellungen an den Wänden, alles super erhalten beziehungsweise toll restauriert. Kaum Händler schöner Ausflug in die ägyptische Vergangenheit.

Es geht weiter am nächsten Morgen, die Fähre in den Sudan fährt pünktlich am Montag und wartet nicht. Ohne Polizeieskorte steuern wir auf der anderen Seite Richtung Süden entlang des Nils. Ein grüner, schmaler Schal aus fruchtbaren Feldern, mit Palmen und Plantagen schmiegt sich an den Fluss. Mal ist er nur ein-, zweihundert Meter, mal Kilometer breit. Direkt an der Straße verkaufen Händler das geerntete Obst und Gemüse. Perfekt für hungrige Reisende mit einer eigenen Kombüse an Bord.

In Assuan geht es in ein kleines Hotel in den engen, vollen Straßen des Basars. Ein Name steht nicht am Eingang, für vier Euro die Nacht verzeiht man diese Kleinigkeit, den Zustand der Gemeinschaftstoiletten allerdings nicht. Mittlerweile sind wir einiges gewöhnt, doch dieses stille Örtchen schreit nach Putzlappen und Reiniger. Augen, Nase zu und durch, schließlich gilt es nur noch drei Tage in Ägypten auszuhalten. Und es macht Spaß, mitten im quirligen Leben eines Basars zu wohnen. Mächtig was los und extrem kurze Wege für die nötigen Einkäufe.

Assuan ist für lange Zeit die letzte Möglichkeit, ein oder zwei Bier zu trinken. Der Sudan liegt trocken und glaubt man den anderen Reisenden, gibt es nicht einmal einen Schwarzmarkt für Alkohol. Wir gönnen uns ein Pils auf einem Kreuzfahrtschiff, schöner Blick übers Wasser. Die typischen Nil-Boote mit den auffälligen Segeln schippern vorbei. Neben Kaltgetränken für uns gibt es Stahlketten und Schlösser für den Bus. Nachdem der Bulli in Jordanien aufgebrochen wurde, wollen wir die Türen mit schwerem Gerät sichern. Eine lange Kette zwischen den Vordertüren von innen, eine kurze von außen zwischen den Griffen von Schiebe- und Beifahrertür halten hoffentlich die Gauner draußen.

Auf dem Basar werden Reis und Gewürze aus Säcken verkauft

Immer Montags startet die Personenfähre vom ägyptischen Assuan nach Wadi Halfa im Sudan. Im Fährbüro kosten die Karten 70 Euro pro Person. Das Ticket fürs Auto, 267 Euro, können wir erst im Hafen lösen. Scheiße, ist das teuer. Und losschippern können wir nur, wenn wir die nötigen Papiere rechtzeitig zusammenbekommen. Als erstes gilt es, eine Bestätigung vom Traffic Court zu besorgen. Das Problem: Selbst die konspirativen Wohnungen der Stasi waren wahrscheinlich nicht besser getarnt als dieser ägyptische Behördenbau. Irgendwie blöd, schließlich muss jeder motorisierte Tourist den Beleg zur Unfallfreiheit bei der Ausreise vorweisen. Mithilfe eines voraus-

Respekt für den Brottransport per Rad

fahrenden Taxifahrers findet sich der richtige Weg. Das Büro liegt in einem ganz normalen Hochhaus, kein Schild, kein Hinweis, zumindest finden wir keinen. Mit der Bestätigung in der Hand geht es ins nächste Office, der Traffic Police. Fahrzeug-Kennzeichen abgeben, den Wagen abmelden. Natürlich ist auch das nicht direkt um die Ecke, also wieder durch die halbe Stadt gekurvt. Gewohntes Behörden-Bild. Statt geordnet in Schlangen anzustehen, drängeln die Leute in Trauben vor den offenen Schaltern. Unser Glück: Hilflose Touristen bekommen eine Extra-Behandlung, wir dürfen nach etwas warten in der Chaos-Schlange hinter den Schalter, um unsere Angelegenheiten abzuwickeln. Papiere werden gestempelt, verschwinden auf meterhohen, schiefen Aktenbergen, einer Altpapiersammlung gleich. Alle tun ganz wichtig und trotzdem – man wird den Eindruck der Sinnlosigkeit für diese ganze Prozedur nicht los.

Maria hat sich dieses Theater erspart, kommt erst abends mit dem Luxus-Nachtzug aus Kairo. Ihre Augenverletzung verheilt, Gott sei Dank, so können wir zusammen mit ihr die Weiterreise in den Sudan wagen.

Ägyptische Zulassung für den Bulli. Für die Fährfahrt wird nur Bares akzeptiert

Fähre über den Nasserstausee

ÄGYPTEN–SUDAN

Assuan–Wadi Halfa

6961 km

Montag, acht Uhr, im Hafen rund 20 Kilometer südlich von Assuan auf dem High Dam, warten wir auf Mr. Salah, unseren Verbindungsmann aus dem Fährbüro. Auch hier wird es ohne Hilfe schwer, den Papierkram zu regeln. Zoll, Stempel, Fahrzeug unterlagen, alles muss in gewohnter Manier abgearbeitet und begutachtet werden. Kurz nach Mittag ist der Behördenlauf beendet, der Syncro bereit für die Verladung. Wird Zeit, von diesem hässlichen Hafengelände wegzukommen. Bestehend aus ein paar schiefen Betonbauten und einer verdreckten Kaianlage, schlägt das lange Warten in der brennenden Sonne hier besonders aufs Gemüt. Neben unserem betagten Bulli stehen ein Toyota, ein Land Rover und zwei Motorräder aus Deutschland. Claus, Natalie, Donald, Daniel und Detlef – Leidensgenossen. Und die ersten anderen Afrikareisenden, die wir auf der langen Strecke seit Deutschland treffen.

Auf die Fähre drängen Massen an Menschen. Unsere Taktik beim Einschiffen: Maria und Natalie entern als erstes das Oberdeck, um mit Decken und Planen einen Platz an der frischen Luft zu sichern. So lassen sich die nächsten 20 Stunden auf dem Nasserstausee hoffentlich einigermaßen entspannt überstehen. Ein Wettlauf für die Mädels, zusammen mit ihnen stürmen geschätzte 300 weitere Passagiere das Boot. Zusätzlich fängt das Beladen an. Kühlschränke, Fernseher, Matratzen, Klimaanlagen, unfass-

Kaum Platz auf dem Oberdeck, aber Dank der Plane haben wir zumindest Schatten

Abgerutscht – der Bulli fällt von der Rampe

bare Mengen an Stückgut werden an Bord gehievt, in jede noch so kleine Ecke gestopft. Der verbleibende Platz für die Reisenden schwindet mit jeder weiteren Kiste.

Wir kümmern uns derweil um das Verschiffen unserer fahrbaren Untersätze. Gegen drei Uhr Nachmittags, nach sieben Stunden warten, ist es endlich soweit, die Autos werden auf eine kleine Motorschute verladen. Auf unserer Personenfähre ist kein Platz für den Bulli. Über abenteuerliche Rampen rumpelt der Bus von der Kaimauer quer auf die nicht mehr als eine Wagenlänge schmale Fähre. So ist zumindest der Plan: Tatsächlich schießt eine der schweren Stahlrampen unter einem der Reifen davon. Der Bulli neigt sich bedenklich und hängt halb auf der Fähre und halb auf Land, streckt ein Rad weit in die Luft, fast wie ein Elefant bei der Fußpflege. Große Aufregung! Mit Sandblechen und Teppichrollen aus der Schiffsladung wird eine Behelfsrampe gebaut. Der Bulli hat nur eine kleine Delle davongetragen, ich eine große Schramme im fahrerischen Selbstverständnis. Egal, der Bus steht sicher an Bord und das ist das Wichtigste. Notiz an mich selbst: Es gibt

Momente, in denen das rechtzeitige Einschalten von Allrad beziehungsweise Untersetzung sinnvoll ist.

Ein doofes Gefühl, den Bulli allein Richtung Sudan zu schicken. Dummerweise aber die einzige Möglichkeit. Zwar teilen sich Ägypten und das Nachbarland eine Hunderte Kilometer lange Grenze, Aufgrund von Streitigkeiten oder was auch immer können sie sich aber nicht auf einen gemeinsamen Grenzübergang und damit eine Landverbindung einigen. Die afrikanische Lösung: Den Grenzverkehr in den Nasserstausee verlegen, dann spielt der genaue Übergang keine Rolle.

Nicht nur Passagiere – die viele Ladung macht es auf der Fähre richtig eng

Könnte aber auch sein, dass der Fährbetreiber einfach nur die richtigen Leute schmiert. Das Bombengeschäft, mit den Wucherpreisen für die Überfahrt, würde mit Öffnung des Schlagbaumes zerplatzen wie ein fauliges Ei auf hartem Asphalt.

Die Personenfähre, ein umgebauter, ehemals aus Deutschland stammender Frachter aus der Mitte des 20. Jahrhunderts, erinnert an ein heruntergekommenes Flüchtlingsboot. Überall Gepäck, Ladung, viel zu viele Menschen. Und erst die grausamen Toiletten, schon vor

Abfahrt in einem unbeschreiblich erbärmlichen Zustand. Selbst der Trick, sich zum Stuhlgang in die Erste Klasse zu schummeln, macht es nicht viel erträglicher. Zumindest ist im Fahrpreis eine Mahlzeit enthalten. Hähnchenkeule mit Bohnen und Reis. Sieht zwar übel aus, ist aber genießbar. Mitreisende Sudanesen steuern zusätzlich Tomaten, Reis und Brot bei, gegessen wird mit den Fingern.

Gegen neun Uhr Abends Unruhe an Bord, die gedachte Grenze im See scheint erreicht. Es sind Grenzformalitäten zu erledigen. Alle Passagiere an Bord müssen zum Gesundheitscheck. Ohne Untersuchung keine Einreise! Was jetzt passiert, ist an Komik kaum zu übertreffen. In einer langen Reihe auf einem schmalen Gang an der Reling stehend, tritt man an ein Bullauge, reicht erst seinen Pass hinein, um anschließend den Kopf ins Schiffsinnere zu stecken – Blitzschnell schießt eine schwarze Hand hervor, steckt einem ein Thermometer ins Ohr. Abgelesene Temperatur: 27 Grad Celsius. Zwei Grad über Umgebungstemperatur – Hurra, der Patient lebt! Ein zufriedenes Nicken aus dem dunkeln Bootsbauch – es gibt einen Stempel in die Unterlagen. Und der nächste, bitte. Natürlich, alle mit demselben Thermometer. Kann man eigentlich Krankheiten mit Ohrenschmalz übertragen?

Zusätzlich geht es noch, natürlich mit dem typischen Afrikagedrängel, in ein improvisiertes Einreise-Büro, Visum kontrollieren, Pässe stempeln.

Die Nacht an Deck ist nicht weniger skurril, wie die Ölsardinen schlafen wir unter einem wunderschönen Sternenhimmel. Obwohl: schlafen ist zu viel gesagt, dämmern trifft es wohl eher – das Stahldeck ist trotz der Decken als Unterlage so hart, dass man das Gefühl hat, die Hüfte verschmilzt mit dem Metall. Ständig stolpert jemand über einen und es stinkt unglaublich nach Fuß, und das, obwohl wir unter freiem Himmel liegen. Diese Mauken müssen in einem geschlossenen Raum eine tödliche Waffe sein. Nach zwei, drei Stunden weckt mich Donald aus meinem Dämmerschlaf, er hat den Zweiten Offizier der Fähre kennengelernt. Eine Besichtigung des Maschinenraums und die Einladung auf eine Tasse Tee beenden fürs Erste die Qualen an Bord.

Wadi Halfa, Sudan – man mag es kaum glauben, aber so sieht der Internationale Hafen am Nasserstausee aus

Kein Gebäck, unser neuer Freund reicht zum Tee eine selbstgedrehte Fluppe. Irgendwie schmeckt die Zigarette komisch, liegt wohl an der afrikanischen Tabakmischung! Was soll's, nach unserer kleinen, gemütlichen Runde dreht sich der Kopf. Kichernd schläft es sich selbst auf dem knüppelharten Stahldeck wie auf weichen Engels-Wolken. Kurz nach Sonnenaufgang und einer viel zu kurzen Nacht taucht die Tempelanlage von Abu Simbel auf. 1963–1968 wurde der komplette Tempel um rund 64 Meter versetzt, musste damals dem Stausee weichen. Irgendwie macht das Wissen um die Geschichte des Bauwerkes den Anblick zu Disney Land. Auch ein Grund, warum wir den Umweg von knapp 600 Kilometer nicht gefahren sind, um uns die Anlage aus nächster Nähe anzusehen. Jetzt muss ein kurzer Blick aus der Ferne auf die riesigen Statuen reichen.

Endlich, um zwölf Uhr mittags erreicht die Fähre den Hafen von Wadi Halfa. Die Stunden nach Sonnenaufgang waren selbst auf dem luftigen Außendeck kein Spaß mehr und zogen sich ewig hin – trotz Schattenspender war es unerträglich heiß. Diese Landzunge mit Steg als Hafen zu bezeichnen, zeugt von Selbstbewusstsein. Ein

Unser Hotel ist einfach und ohne fließendes Wasser – die Zimmer sind speziell, man muss nur müde genug sein.

langer, ungefähr sechs Meter breiter, vielfach geflickter Betonfinger reicht hier in den Nassersee.

Kaum zu glauben, dass der gesamte Grenzverkehr und die ganzen Waren aus Assuan komplett über diesen Mini-Hafen gehen sollen. Unser Verdacht: Wer genug schmiert, schafft es auch irgendwie über den Landweg, muss aber nicht stimmen.

Unser gepflegtes Hotel, aus Lehm gebaut, ist sehr einfach, die Gemeinschafts-Sanitäranlagen bestehen aus Plumpsklo und einem Wassereimer mit Kelle als Dusche, sind aber sauber. Kein Fernseher im Zimmer, dafür hat die Decke ein Loch, direkt über dem Bett. Was für ein Luxus, vor dem Einschlafen den Sternenhimmel beobachten zu können – ohne den bei uns in Deutschland störenden Lichtsmog. Irgendwie sieht die schwarze Nacht unwirklich aus, so klar und gestochen scharf. Am zweiten Tag ein riesen Geschrei – Maria schließt unsere Zimmertür auf, im selben Moment springt ein fauchendes, schwarzes Etwas sie an und huscht über den schmalen Flur davon. Eine Katze muss offensichtlich durch die Dachöffnung in unser Zimmer gefallen sein. Gut, dass wir nicht im Bett lagen.

Unser Bulli soll am nächsten Tag kommen, tut er aber nicht! Die Schute hat kein Radar, darf zum einen nicht in der Nacht fahren, und dann gibt es auch noch Sturm auf dem Nasserstausee – die Nussschale ist windempfindlich. Es kommt, wie es kommen muss, die steife Brise verzögert die Ankunft der Autofähre um weitere Tage. Am Mittwoch geplant, landet der Wagen erst am Freitag in Wadi Halfa. Mit Warten geht es weiter. Erst ist der muslimische Feiertag und dann arbeitet der Zoll natürlich auch am Samstag nicht, wir dürfen lediglich den Bulli von Bord fahren, damit die Schute wieder Richtung Ägypten abdampfen kann.

Sandsturm – Grund für den langen Aufenthalt in Wadi Halfa

Sechs Tage in einem Ort aus flachen Lehmhütten, ein paar billigen Hotels, viel Sand und Staub – ohne fließendes Wasser, ohne Bier. Die meisten der rund 10 600 Menschen leben hier in einfachsten Verhältnissen. Ihre Einnahmequellen sind ein vernachlässigbarer, wenig lukrativer Fischfang, der Handelsverkehr mit Ägypten und die einmal in der Woche kommende Personenfähre mit Reisenden, die zu einem großen Teil in den Anschlusszug Richtung Khartum umsteigen. Die Landschaft ist extrem karg, ein paar Hügel kreisen den Ort zusam-

Rückzugsort in der trostlosen Stadt – im Café Alexandra hängen wir Tag für Tag rum

men mit dem Nassersee ein. Die Gegend war nicht immer so trostlos: Alte Bilder verraten: Wadi Halfa war eine schön angelegte Stadt, mit grünen Parks und Uferpromenade – alles weg, verschluckt vom 1964 bis 1976 langsam steigenden Wasser des Stausees. Jetzt bietet die Gegend kaum sehenswertes, eine kurze Tour durch den Ort und über den Markt reichen aus für einen Eindruck. Der einzige Lichtblick, wir haben ein nettes Restaurant gefunden, »Café Alexandra«. Das gut gelaunte Familienunternehmen besteht aus Mutter, Vater und drei Töchtern. Das Angebot auf der Speisekarte ist zwar überschaubar, bietet ab den dritten Tag nur noch Wiederholungen, dafür ist es preiswert, rund zwei Euro kostet ein Fleischgericht. Auch für Unterhaltung ist gesorgt, es schreit die ganze Zeit aus einem Fernseher in der Ecke, mit etwas Glück sogar in Englisch – »Rocky III«, »Braveheart«, alle »Star Wars« Episoden und andere alte Blockbuster sorgen für Ablenkung. Kays Geburtstagsfeier nicht wirklich, seine erste alkoholfreie nach 24 Jahren, es ist einfach nichts aufzutreiben. Wahrscheinlich wurde er auch noch nie so zweckmäßig beschenkt: Plastikteppich für die Pausen in der Wüste, leider nicht UV-Beständig, einen

Respekt! José macht die Tour auf dem Motorrad

Wischer für die Scheibe, damit er endlich auch durch das Glas scharfe Fotos machen kann und Pulver-Kaffee für den Morgenmuffel. Zu seiner größten Freude bringen wir ihm auch noch Skat bei. Mehr Abwechslung bietet nur das Beglotzen der an- und abfahrenden Reisenden. Beeindruckend zwei Argentinier, die beiden nicht viel größer als ein Dreikäsehoch, sehen mit ihren zotteligen Bärten und den langen Haaren aus wie der Schauspieler Danny Trejo aus »Machete Kills«. Sie sind einmal um Afrika mit ihren Motorrädern, im Westen runter und über den Osten wieder rauf. Den letzten Teil der Strecke nach Wadi Halfa in einem Sandsturm, über die Schwellen der Eisenbahnstrecke gerumpelt. Entsprechend verstaubt und ausgetrocknet angekommen und trotzdem, die Hoschis gönnen sich nicht einmal nach dieser Tortur ein Billig-Hotel, eine kalte Cola muss reichen. Geschlafen wird in einem winzigen Zelt, direkt neben den Motorrädern, Respekt!

Schnell noch einen Keks für den Weg gekauft

SUDAN

Wadi Halfa–Khartum

8363 km

Sonntag, endlich geht es auch für uns weiter – der Sudan will entdeckt werden. Wir sind nicht mehr allein unterwegs: Claus, unsere Bekanntschaft von der Fähre, hat ein gut funktionierendes Navi und fährt in seinem Toyota Land Cruiser voraus. Geplant ist, das erste Mal so richtig Offroad unterwegs zu sein. Natalie und Donald mit denen war Claus bisher unterwegs, ist gemeinsam mit ihnen in München gestartet müssen die Achsbuchsen ihres Land Rovers in Khartum tauschen. Aus diesem Grund wollen sie auf dem direkten Weg in die Hauptstadt fahren, holprige Streckenabschnitte möglichst meiden. Wir verabreden uns in vier bis fünf Tagen auf einem Campingplatz in Khartum.

Typisch überladener Pick-up, zu viele Menschen und Gepäck. Die Straße ist aber perfekt

Über Dünen, quer durch die Wüste

Auf schnurgeraden Asphaltstraßen wird gestartet. Die Landschaft karg, wie leer. Die einzigen bunten Punkte im sandfarbenen Bild sind Abermillionen von winkenden Plastiktüten, verfangen im dornigen Gestrüpp. Hier ergäbe ein Tütenverbot wirklich Sinn. Neben den farbigen Beuteln liegen auch noch unzählige Reifenleichen und abgelöste Laufflächen neben der Straße, der Größe nach meist von Lkw. Zum Glück sind wir von Pannen bisher verschont geblieben.

Sandpisten, Dünen – die Strecke am Nil entlang hat es in sich. Unser Bulli kommt mit seinen 70 PS an die Grenzen. Claus' Toyota hat mit 140 genau doppelt so viel Leistung, meistert die schwierigen Wegabschnitte entsprechend um einiges leichter. Nur mit einem Trick kommen wir mit dem Bus an vielen kniffligen Passagen durch den tiefen Sand: Plattfuß sorgt für Vortrieb. Von 3,5 Bar auf unter einen runter. Mit kaum noch Luft in den Pellen vergrößert sich die Aufstandsfläche der Reifen, der T3 sinkt nicht mehr so tief ein. Ein zeitaufwendiges Verfahren, raus mit der Luft geht naturgemäß schnell, unser Mini-Kompressor braucht aber eine gefühlte halbe Stunde, um alle vier Räder wieder prall zuzufüllen. Und spätestens auf Asphalt, beziehungsweise wenn es über steiniges Terrain geht, ist Schluss mit schlapp. Ohne die stützende Luft zerschlägt der feste Untergrund die Reifenflanken – ein Schaden, der nicht so einfach zu reparieren ist.

Es geht durch malerische Dörfer, so eng, dass unser Auto fast an den Lehmmauern der flachen Häuser kratzt. Selbst in einigen der Ortschaften ist der Sand zu tief für den Bus, wir fahren uns mitten in einer fest. Gut, dass die freundlichen Bewohner schieben helfen. Eingekauft wird auf den Märkten, auf denen man alles notwendige findet: Es gibt Gemüse, Brot und Reis. An den angebotenen Fisch und das in der Sonne hängende Fleisch trauen wir uns nicht ran. Campingplätze gibt es natürlich nicht. Kurz vor Sonnenuntergang stellen wir uns, weit weg von allen Ortschaften, direkt an den Nil. Vor uns der Fluss, mit einem schmalen Band an Vegetation, die sich an den Wasserlauf klammert. Hinter uns die weite Wüste, nichts als Sand. Die tagsüber auf dem Markt erbeuteten Zutaten brutzeln auf

dem Gaskocher in der Pfanne zu einem leckeren Essen. Oh, Mann, das fühlt sich gerade alles sehr gut an!

Und, es geht weiter mit einer positiven Überraschung: Die Ägypter haben keine Exklusivrechte auf die pharaonischen Sehenswürdigkeiten. Es gibt auch hier im Sudan am Nil Pyramiden und Tempel, und die haben wir für uns allein – keine anderen Touris, keine Händler. Der Umweg über die holprigen, ausgefahrenen Strecken lohnt, man fühlt sich wie ein Entdecker im 19. Jahrhundert, der sich nach wochenlanger Suche seinem Ziel über verschlungene Wege nähert. Oder in Kays Fall Besteiger – er kraxelt auf die Spitze einer rund 3000 Jahre alten Pyramide, genießt die tolle Aussicht über die Wüstenlandschaft. Weit und breit kein Gebäude, kein Mensch zu sehen, Freiheit!

Wenig Sand reicht zum Festfahren, der Reifendruck ist zu hoch. Kay stürmt eine Pyramide

Claus macht Pause auf einem Dorfplatz

Kay: Es geht weiter, zu viel Stillstand die letzten Wochen, aber jetzt fühle ich mich endlich wieder gut, nach dem ganzen Generve in Ägypten. Auch bei der Überfahrt auf dem Nasserstausee hatte ich schlimmste Befürchtungen. Aber Überraschung: der Sudan ist ganz anders als erwartet und die Leute sind hier wirklich nett. Zudem ist Claus' Bereitschaft mit uns weiterzufahren ein richtiger Glücksfall. Unser neuer Reisebegleiter bringt zwei wesentliche Dinge mit in unser Team: Erfahrungen in Afrika und ein funktionierendes Navigationsgerät. Außerdem ist es einfacher und sicherer mit zwei Wagen unterwegs zu sein, man kann sich so gegenseitig helfen.

Endlich kann das Abenteuer Afrika so richtig starten: Wir trauen uns von der Straße abzubiegen, den sicheren Asphalt zu verlassen und quer durch die Wüste zu fahren. Wild campen am Nil. Sehenswürdigkeiten entdecken, kochen und schlafen im Bulli – weit ab von menschlichen Behausungen. Hoffentlich begleitet uns Claus noch länger auf unserer Reise quer durch Afrika. Ich freue mich auf die nächsten Strecken und auf den restlichen Sudan.

Fußballmannschaft: Der Kleine muss ins Tor. Nur eine Straße durch die Wüste, die aber perfekt (links oben)

Kay knipst im Tempel von Naqa

Nach vier Tagen erreichen wir durchgeschüttelt, verschwitzt und völlig verstaubt Khartum. Die Hauptstadt des Sudans beherbergt rund 2,7 Millionen Einwohner, hier fließen der Blaue und der Weiße Nil zusammen. Uns gibt die Stadt Rätsel auf: Wie schaffen es die Verantwortlichen, mit minimaler Infrastruktur die Stadt am Laufen zu halten? Frisch- und Abwasser, Müll, Strom und so weiter – kaum zu glauben, dass alle Einwohner Zugang zu diesen Dingen haben sollen. Ist man nach Sonnenuntergang in der Stadt unterwegs fällt auf, wie verlassen alles trotz der vielen Einwohner wirkt. Kaum offene Restaurants, wenig Licht in den Straßen und den Hochhäusern, alles wirkt auf uns etwas beängstigend. Richtig Leben ist nur rund um die Marktplätze, hier finden sich dann auch Restaurants. Das Essen in den neon-hellen Buden ist einfach, sieht etwas trostlos aus und schmeckt auch so. Unser in Deutschland aufwendig besorgtes Visum für Äthiopien ist mittlerweile abgelaufen, wir sind zu langsam und müssen für 20 Dollar ein neues besorgen. Offiziell öffnet die Botschaft gegen zehn, wir bekommen die Empfehlung schon um acht dort zu sein. Guter Tipp – frühmorgens aufgemacht, werden 17 Leute willkürlich ausgesucht und eingelassen. Wer nicht darunter ist, muss sein Glück am nächsten Tag noch einmal versuchen. In der Botschaft selbst, ein moderner Bau, geht es, anders als vor der Tür, sehr gesittet zu. Ohne viel Aufhebens gibt es das notwendige Visum. Ein guter Grund, sich etwas zu gönnen. Auf einer Verkehrsinsel findet sich ein Café: Italienischer Cappuccino, zu einem europäischen Preis. Ist schon komisch, in Deutschland würde man die zwei Euro ohne mit der Wimper zu zucken bezahlen, in Afrika fühlt man sich abgezockt.

**Sudan:
Einwohner
aus Khartum**

Panne – der Riss in der Felge wird geschweißt

Claus (links) und Kay beim Bad in der Menge – auf einem Friedhof in Karthum

Gefährlich sind die Straßen, nicht wegen irgendwelcher Gauner oder den anderen Autofahrern. Der Verkehr ist relativ entspannt, aber mitten auf der Fahrbahn fehlen plötzlich Gullydeckel, tiefe Löcher tun sich auf. Damit erinnert die Fahrt durch die Stadt eher an ein Telespiel. Landet man in so einem Krater, verliert man statt eines virtuellen Lebens Teile der Vorderachse. Wir haben auf dem Weg durch Khartum zwar nicht unsere Achse, dafür aber Luft aus dem linken Hinterreifen verloren. Ein kleiner Riss in der Stahlfelge ist schuld. In einer Bootswerft, direkt neben unserem Camp, wird geholfen. Abenteuerlich ist das Schweißgerät: Zwei Spulen liegen im Sand, offene Drähte verzwirbelt, am Ende eine Elektrode. Der Mechaniker, barfuß und nur mit einer Sonnenbrille die Augen gegen die üblen Schweißblitze geschützt, flickt die Felge – 3,50 Euro kostet die Reparatur, hoffentlich hält die Naht bis Südafrika.

Untergekommen sind wir im Khartum-Yachtclub am Nil. Natalie und Donald sind auch schon da. Der Platz liegt zentral in der Stadt, bietet zumindest ein wenig Komfort. Es gibt manchmal Internet, einen Imbiss, fließendes Wasser und Toiletten. Die Sanitär-

anlagen sind, trotz des auf Luxus hoffen lassenden Namens unserer Bleibe, in gewohnt afrikanischer Lässigkeit gepflegt. Alkohol gibt es auch hier nicht. Wir sitzen auf dem Trockenen, bis der Mitarbeiter einer Hilfsorganisation unsere Notlage erkennt und acht Dosen Bier rausrückt. Gerettet!

Unser Highlight in Khartum sind die tanzenden Derwische. Auf einem Friedhof trifft sich jeden Freitag ein Gruppe von rund 60 Sufis, eine mystische Abspaltung des Islams. Weiße Gewänder, Turbane, schwer behangen mit Ketten aus großen Holzkugeln. Trommelsound und wildes Gedrehe soll die Tänzer in Trance versetzen. So die Theorie, viele von den Jungs hatten eher die Kameras der geschätzten 200 Zuschauer im Blick als ihre spirituelle Erfahrung. Egal, die Typen sehen schon sehr speziell aus, könnten auch als Gurus in Indien ihr Geld verdienen. Die Stimmung ist unglaublich gelassen, sehr freundlich. Gerade wenn man bedenkt, dass diese Tanzveranstaltung auf einem Friedhof stattfindet. Eigentlich sollte es jetzt zu einem Kamelmarkt gehen, der ist aber raus aus der Stadt gezogen, 60 Kilometer weit weg, uns zu weit, fällt aus.

Bei aller Armut in der Stadt, auch in Khartum bekommt man nach einer etwas längeren Suche alles, was das Herz begehrt – westliche Produkte, natürlich entsprechend teuer. Zeit zum Vorräte auffüllen und verwöhnen, jeder hat einen Wunsch frei: von Snickers bis Nutella. Und es gibt ein saftiges Stück Fleisch.

Tanzende Derwische als Medienprofis – einige Touris sind übertrieben aufdringlich

Gesichter einer Stadt – trotz des besonderen Ortes ist die Stimmung gelassen

Kaum Autos, dafür trifft man Eselskarren auf den leeren Straßen

SUDAN–ÄTHIOPIEN

Khartum–Metema

9322 km

Das nächste Ziel ist Äthiopien, allerdings auf traumhaften Umwegen. Es geht entlang des Weißen Nils. Unser Kumpel – der Fluss, mit 6852 Kilometern der längste der Welt – begleitet uns jetzt schon seit Kairo. Die Wassermassen haben ihren Ursprung in der Mitte Afrikas, noch nichts besonderes. Wenn man aber die Dimensionen bedenkt, der Weg durch die Wüsten Sudans und Ägyptens, mit den entsprechenden Mengen verdunstenden Wassers, dazu das viele abgezapfte Nass zur Bewässerung von Plantagen und Feldern, grenzt es an ein Wunder, dass am Ende tatsächlich noch etwas Wasser durchs Nildelta ins Mittelmeer fliest. Unter den angrenzenden Ländern gibt es entsprechend viel Streit um die Nutzungsrechte des Flusswassers.

Gegen Abend findet sich eine wunderschöner Platz zum Übernachten – auf einer Wiese, das erste Mal seit Wochen nicht nur Sand um uns herum. Keine fünf Minuten und eine Horde Kinder umlagert unser Mini-Camp. Fußball raus und losgelegt. Hüftsteif schieben wir den Ball über den Golfplatz-kurzen Rasen, gemäht von fleißigen Ziegen. Spät fällt auf: Die kleinen Racker haben es auf unseren Ball abgesehen. In einer Spielpause wird es verdächtig ruhig, einer nach dem anderen verkrümelt sich, vom runden Leder nichts zu sehen. Im letzten Moment bekommen wir den Kleinsten, das Nesthäkchen zu packen, der Ball findet sich versteckt in einem Baum. Egal, wir sind nicht nachtragend, pfeifen die zweite Halbzeit an.

Entlang des Nils gab es auch im Sudan grüne Wiesen zum Fußball spielen

Hier fuhr schon lange kein Zug mehr

Abseits der Straßen geht es am nächsten Morgen weiter. Wüste, Steppe, ausgetrocknete Flüsse, über alte Brücken und entlang verwaister Bahnschienen. Es ist alles so unglaublich anders als das, was man aus Deutschland kennt, abenteuerlich. Meist ist weit und breit kein weiteres Auto zu sehen. Eine tolle Erfahrung. Schlimm sind die Wellblechstrecken. Der Sand ist knüppelhart gepresst, das stundenlange Geschüttel zerlegt Mensch und Maschine. An unserem Bus fällt das Innenraumgebläse aus, nicht so schlimm – wir fahren bei offenem Fenster weiter. Schlimmer ist der Kurzschluss am Kühlerlüfter. Es sind 40 Grad Außentemperatur, das hält der Motor ohne elektrischen Lüfter nicht lange durch. Die Fehlersuche gestaltet sich schwierig, eher durch einen Zufall entdecken wir die Ursache. Bei einem Vorwiderstand, der versteckt hinter dem linken Scheinwerfer liegt, ist die Halterung gebrochen. Ein blankes Stück Kabel ist ans Metall gekommen, hat die 40 Ampere starke Sicherung durchbrennen lassen. Mithilfe einer umgebauten Tupperdose lässt sich das Problem beheben. Das Gebläse für den Innenraum ist leider nicht so einfach zu flicken, kein Spaß bei den höllischen Außentemperaturen.

Trinkwasser wird über weite Strecken transportiert. Eselskarren erleichtern die Arbeit

Nach etlichen Kilometern kreuzt ein ausgetrockneter Fluss die geplante Streckenführung, wenn er Wasser führt muss er zu einem reißenden Gewässer wachsen. Ein tief ausgespültes Flussbett mit bis zu 15 Meter hoher Uferkante erzählt zumindest diese Geschichte. Versuche, eine geeignete Stelle zum Übersetzen zu finden, scheitern – und dann auch noch ein Plattfuß. Das Reifenflicken mit einfachen Bitumenbändern funktioniert zum Glück wie am Schnürchen, dauert keine halbe Stunde. Dafür wird erst das Loch mit Seifenwasser gesucht, der Nagel rausgepopelt, mit einer Reibahle das Loch vergrößert und mit einer speziellen Nadel der Bitumstreifen in der beschädigten Stelle versenkt. Für die Reparatur muss das Rad nicht einmal abgeschraubt werden, bleibt am Bus. In Deutschland ist diese Blitz-Reparatur leider verboten, darf nur als Pannenhilfe genutzt werden. Eine vollendete Vorstellung, die einheimischen Zuschauer scheinen zumindest fasziniert. Die Versuche den Fluss zu queren dauern schon den halben Tag, als endlich eine geeignete Kante auftaucht. Die Abfahrt ist unglaublich steil, genau wie der Weg rauf auf der anderen Seite. Beim Bremsen rutscht der Bus auf

Daumen hoch für die Profi-Reparatur

einem Sandkeil einfach weiter Richtung Flusssohle, ohne merklich die Geschwindigkeit zu reduzieren. Die Auffahrt klappt erst im zweiten Versuch, mit reichlich Anlauf und viel Tempo schafft es der Bulli über die Kante. Seit wir den afrikanischen Kontinent betreten haben, hat sich zum ersten Mal die Farbe der Landschaft verändert. Bisher, bis auf das schmale Band entlang des Nils, war sandfarben der vorherrschende Ton, jetzt kommt mehr und mehr Grün ins Spiel. Langsam verändert sich die Landschaft, die Wüste weicht einer trockenen Buschsteppe, vereinzelt stehen Baumgruppen. Wir kommen durch kleine Dörfer, alle ohne befestigte Wege, einfache Holzhütten mit Blechdächern, kaum Autos. Hier ist der Eselkarren das Verkehrsmittel erster Wahl. Am Ende stehen 260 Kilometer Off- beziehungsweise Dirtroad auf dem Tacho.

Mit ausgetrockneten Kehlen geht es an die Grenze nach Äthiopien. Humorvoll die Frage des Zöllners in Metema: »Wo soll es denn hingehen?« Antwort, mit Blick auf den Schlagbaum: »Äthiopien.« Reaktion des Zöllners: »Ah, Äthiopien, okay.« Es kostet Selbstbeherrschung, nicht loszulachen.

Gefährliches Überholen – viele Lkw sind experimentell beladen, machen überraschende Fahrmanöver

Stressig sind die sogenannten Fixer, eine Berufsgruppe, die an dieser Grenze keiner braucht. Was sinnvoll in Syrien oder Ägypten war, ist hier nur nervig. Ihr Geschäftsmodell: Sie wollen bei den Grenzformalitäten helfen, natürlich gegen Kohle. Wenn sie denn wenigstens Englisch sprechen würden und tatsächlich eine Hilfe wären. Kaum aus dem Bus raus, hat man die aufdringlichen Jungs an der Backe, auch hartnäckiges Ablehnen nützt nicht viel. Sie versuchen unsere Papiere in die Hände zu bekommen, wohl wissend, dass sie uns dann in der Hand haben. Also Papiere fest klammern und eine möglichst deutliche Ansage machen, dass wir ihre Hilfe nicht benötigen und wir ihnen am Ende auch auf gar keinen Fall Geld geben werden. Nützt natürlich nichts, sie begleiten uns durch die Behördenstuben und natürlich wird zum Schluss lange debattiert, um Geld aus unseren Taschen zu leiern.

Sehenswert ist die äthiopische Stempelstelle für unsere Pässe. Vorbei an Hühnern und Ziegen steht man nach kurzem Weg in einer dunklen Lehmhütte – kaum zu glauben, dass der moderne, helle äthiopische Botschaftsbau in Khartum und diese windschiefe Bude

Ein einfaches Dorf mit Rundhütten an unserer Strecke Richtung äthiopischer Grenze

an der Grenze zum Sudan demselben Land gehören sollen. Passend zum äußeren Eindruck gibt es in der Hütte keinen Computer. Von Hand kontrolliert der Beamte im Halbdunklen auf langen Listen in überdimensionalen Büchern, ob etwas gegen unsere Einreise spricht. Zu lange für mich, ich nicke selig auf dem Stuhl ein und zu lange für den Zoll – die haben mittlerweile Mittagspause, die Schranke ist dicht, die Bulli-Papiere noch nicht kontrolliert.

Macht nichts, wir lassen den Wagen erst einmal im Sudan stehen und stürmen eine Kneipe in Äthiopien. Nach 17 Tagen die erste kalte Flasche Bier – lecker.

Schwarz trifft weiß, Neugier auf beiden Seiten

Finde die Abenteurer – traumhafter Blick im äthiopischen Hochland

ÄTHIOPIEN

Metema–Gondar

9487 km

Mit dem Schritt über die Grenze wechselt nicht nur das Reiseland, auch die Menschen und die Landschaft wandeln sich auf dem Weg vom Sudan Richtung Äthiopien. Im größtenteils muslimischen Sudan war der Kleidungsstil eher arabisch, lange weiße Gewänder bei den Herren, viele Frauen ganz oder zumindest teilweise verschleiert. Im Umgang höflich und eher zurückhaltend, hat man uns in den meisten Teilen des Landes zufrieden gelassen. Anders die ersten Eindrücke in Äthiopien, hier sind rund 60 Prozent Christen, der vorherrschende Kleidungsstil eine Mischung aus westlichen und afrikanischen Einflüssen. Sobald man auf die Straße tritt, wird man zumindest von einer Schar Kinder umringt, gerade im Norden auch massiv von Erwachsenen angebettelt. Natürlich nehmen wir es den Leuten nicht übel, Äthiopien gehört zu den ärmsten Ländern der Welt. Schätzungsweise ist rund die Hälfte der Bevölkerung unterernährt.

Das geplante Etappenziel für diesen Tag: Die Lodge von Kim und Tim am Lake Tana. Die rund 200 Kilometer scheinen Anfangs kein Problem zu sein, starten optimal auf Asphalt. Wir haben aber in unserer Zeitplanung den Verkehr in Äthiopien unterschätzt und der besteht zum größten Teil nicht einmal aus Autos oder Lkw: Selbstmordziegen, stumpfe Rindviecher, tollkühne Esel und eine Bevölkerung, die scheinbar auf der Straße lebt, drücken das Tempo. Dorf hinter Dorf schmiegt sich an das schmale Asphaltband, im Slalom geht es langsam voran. Die vielen Äthiopier sind dabei nicht schüchtern, sagen was sie von den Farangi – den Weißen – wollen: »plastic, plastic, plastic«, »money, money, money« oder »pen, pen, pen.« Wer nichts gibt, bekommt schon mal einen Stein aufs Blech gedonnert.

Camp von Kim und Tim in Gorgora am wunderschönen Lake Tana

Gegen neun Uhr abends erreichen wir, ohne Dellen, das erste Etappenziel in Äthiopien. Die niederländischen Campbetreiber in Gorgora wissen, was uns fehlt: »Habt ihr Hunger – wollt ihr was trinken?« Juhu, hier sind wir richtig. Uns geht es wie Kim und Tim, die saßen wegen ihrer letzten Gäste auf dem Trockenen. Zeit für eine Niederländisch-Deutsche Nacht, reichlich Bier und Schnaps. Den Hinweis im Dunkeln aufzupassen, um nicht auf eine Schlange oder einen Skorpion zu treten, kommt am Ende des Abends allerdings nicht mehr bis zu unseren alkoholvernebelten Hirnen durch – anders lässt sich die ungewollte Vorwärtsrolle von Kay durchs Gebüsch nicht erklären. Die kleinen Tierchen beweisen zu seinem Glück Geschmack, beißen nicht.

Der Standplatz des Bullis ist ein Traum: an einem Hang, mit wunderschönem Blick über das Wasser. Seeadler kreisen, fangen vor unserer Nase Fische, lassen sich nicht einmal von Schwimmversuchen im See stören. Leider lässt sich das Nilpferd, das laut Tim und Kim in der Nähe des Camps lebt, nicht blicken. Aber auch ohne Besuch des Hippopotamus ist die Bleibe eine Wucht. Neben uns steht ein

Osterfeiertage in Gondar – die Straßen in der Stadt sind voller Menschen und Ziegen

älteres Pärchen, Claas und Willi. Die Niederländer erzählen, dass sie mit kurzen Unterbrechungen seit 14 Jahren auf Reisen sind, erst mit einem Unimog, jetzt mit einem zum Wohnmobil umgebauten Toyota Land Cruiser. Natürlich nicht nur in Afrika, sie sind um die ganze Welt gefahren. Und wir dachten, unsere fünf Monate wären schon lang, wir Amateur-Abenteurer. Aber ganz ehrlich, mir fehlt die letzte Konsequenz, mein Leben so extrem umzustellen. Echte Freunde weichen oberflächlichen Bekanntschaften. Ein Zuhause aufgelöst in einen rollenden Container. Sicher gibt es viel zu entdecken und Neues zu erfahren, aber mir wäre es trotzdem zu wenig für das in der Heimat Zurückgelassene.

Auch diese schöne Gegend ist wie viele andere in Afrika bedroht. Die wachsende Bevölkerung drängt in jede noch so verwilderte Gegend. Man kann den Menschen keinen Vorwurf machen, denn viele sind bettelarm und es geht ums Überleben. Wer Hunger hat, leistet sich nicht den Luxus des Naturschutzes. Der Nabu versucht, die Region rund um den 3000 Quadratkilometer großen Tanasee in ein Biosphärenreservat der UNESCO zu verwandeln

Fastenzeit endet = Ende für viele Ziegen

und so die Möglichkeit einer gesunden Koexistenz zwischen Mensch, Pflanzen- und Tierwelt zu schaffen. Die Zeit drängt, 15 Fischarten, die nur hier im See vorkommen, dazu Krokodile, Warane und Bergpythons finden hier noch einen Überlebensraum. Auch Kim und Tim geben sich Mühe, sie sehen ihren Einsatz in Äthiopien als Hilfsprojekt, versuchen Bewohner aus der Umgebung zu unterrichten, ihnen etwas über die Arbeit mit Touristen beizubringen. Auch die Hilfe zur Selbsthilfe soll die Umwelt schützen. Der Gedanke: Wer ein festes Einkommen hat, muss kein Raubbau an der Natur treiben.

Sehenswert sind die Klosterinseln mit ihren Kirchenwäldern. Je nach Entfernung zum Ufer muss man sich mit einem Boot von einem Einheimischen übersetzen lassen oder versucht, die Insel selbst paddelnd mit einem Einbaum zu erreichen. Kaum von Touristen besucht, stammen die Gebäude teilweise aus dem 14. Jahrhundert. Mönche schützen den für sie heiligen Baumbestand auf den rund 30 kleinen Eiländern, dadurch ist die Flora und Fauna deutlich artenreicher als auf dem Festland.

Abschied nach drei Tagen, es geht weiter Richtung Gondar. Die rund 200 000 Einwohner große Stadt soll Startpunkt für ein paar Touren in die Umgebung sein und ist eine gute Möglichkeit, Vorräte aufzufüllen. Außerdem wollen wir dort Natalie und Donald wiedertreffen.

Auf der Fahrt fällt auf: Egal ob auf den Dächern der Minibusse, auf den Ladeflächen von Eselskarren oder am Seil hinter Fußgängern – überall sieht man Massen von Ziegen. Schnell ist klar, warum – mit Ostern endet die Fastenzeit der Äthiopisch-Orthodoxen Christen und damit das Leben vieler Paarhufer. Es darf wieder Fleisch gegessen werden. Kein Feiertag für die gehörnten Tiere. Zwar geht es uns nicht ans Leder, aber auch unsere Osterstimmung leidet – die Pfaffen bringen uns um den Schlaf. Sie fangen gegen zwei Uhr

Nachts an, ihre Kirchenchoräle zu trällern und machen das, mit kurzen Unterbrechungen, bis in den frühen Vormittag hinein. Blöderweise haben sie sich einen Trick bei den Moslems abgeschaut, um ein Maximum an Aufmerksamkeit zu erfahren: Kommt der Gläubige nicht ins Gotteshaus, besuche ihn via Lautsprecher im Schlafzimmer – beziehungsweise in unserem Fall im Bulli. Insgesamt haben wir vier nervige Nächte zu überstehen. Am Ende verstummten Kirchengesänge und Ziegengemeckere fast zeitgleich. Und die Stände der Straßenhändler füllen sich mit unzähligen Fellen – nichts für empfindliche Nasen.

Der Markt ist groß, die festen Holzstände und einfachen Bretterbuden sind unterteilt in verschiedene Bereiche. Neben den üblichen Ecken für Gemüse, Fleisch und Klamotten gibt es hier auch Schmiede. Auf einfachen Öfen bearbeiten sie ihr Eisen. Zum ersten Mal sehen wir eine größere Zahl an geistig oder körperlich behinderten Menschen in den Straßen. Bei uns hinterlässt das Hilflosigkeit. Wir sind im Vergleich unendlich reich und doch reicht unser Geld nicht im Ansatz aus, um etwas an diesen vielen Schicksalen zu verändern.

Auf dem Weg ins Hochland, der Himmel voller Gewitterwolken, es ist feucht

Maria zwischen den Dscheladas. Wie Schafe grasen die Paviane auf der Wiese, wir können tolle Fotos machen

An einem Hotel treffen wir Donald und Natalie, die beiden sind übel drauf. Von ihrem Dachzelt wurde die Plane geklaut, obwohl der Wagen auf einem bewachten Parkplatz stand. Ohne den Überwurf können sie nicht weiterfahren, ein Schneider soll für maßangefertigten Ersatz sorgen. Aus diesen Grund starten sie nicht mit uns Richtung Berge.

Von Gondar geht es über eine holprige Strecke in den Nationalpark Simien-Mountains. Ein Umweg, der sich lohnt: Der Park liegt in einer Höhe von bis zu 4500 Metern und ist bekannt für die äußerst seltenen Äthiopischen Steinböcke und eine spezielle Pavian-Art, die Dscheladas. Zwei Arten, die es nur hier gibt. Die Affen, wegen eines roten Fleckes auch Blutbrustpaviane genannt, sind wirklich besonders, lassen einen auf wenige Meter ran, sitzen dabei zu hunderten ruhig auf einer Wiese und zupfen Gras. Bei ihrer Größe und dem fiesen Gebiss ist man froh, dass sie Vegetarier sind und nicht auf Hamburger stehen.

Und erst die Landschaft – der Blick von den Bergkämmen in die Täler ist atemberaubend, allein für die Aussicht hätte die Fahrt in

das Gebirge gelohnt. Es ist grün, Steppen, Weideland und Wälder wechseln sich ab. Hier sollen unsere Urururgroßeltern herkommen, die Geburtsstätte der ersten Menschen. Lucy, ein Australopithecus afarensis, war nicht weit weg von hier in Hadar vor rund 3,2 Millionen Jahren unterwegs. Zumindest fanden sich die Überreste der Dame im Gestein. Man kann ihre Wohnortwahl verstehen, die Ecke ist wirklich schön. Nur unseren bewaffneten Wächter haut der Anblick nicht vom Hocker, kaum in unserem Bus Platz genommen, schlummert er tief und fest auf der Rückbank. Dass er kein Wort Englisch spricht, macht die Sache auch nicht gerade einfacher. Keine Ahnung, ob er uns beschützen soll oder mitfährt, um zu verhindern, dass wir Mist bauen. Aus seiner geschulterten Kanone wurde auf jeden Fall schon jahrelang nicht mehr gefeuert, der Lauf ist krumm. Die fünf Euro Lohn scheinen gut angelegt.

Mit dem verpennten Wachmann im Schlepptau schrauben wir uns Serpentine um Serpentine dem Bergpass entgegen. Und plötzlich, auf rund 3800 Metern stehen sie vor uns: eine Gruppe Steinböcke. Nicht wie erwartet auf einem weit entfernten Bergkamm,

Wir fühlen uns sicher: Unser Wächter pennt

die wilden Tiere lassen uns ganz ruhig auf rund 20 Meter ran. Es ist eine kleine Herde, darunter drei Böcke mit riesigen Hörnern, sehr beeindruckend. Von den seltenen Kameraden soll es nur noch ein paar Hundert geben. Es geht weiter über enge Schotterpisten, links der Berg und rechts der Abgrund, immer weiter nach oben.

Bis plötzlich der Toyota von Claus stoppt, die Tür aufgeht und er kotzend aus dem Wagen fällt. Schreck, was ist los? Schnell wird klar: Ausgerechnet den Süddeutschen in unserem Team hat die Höhenkrankheit erwischt. Seiner Physis sind die erreichten 4000 Meter zu viel. Völlig apathisch kann er nicht weiterfahren. Rauf mit ihm auf den Beifahrersitz und nichts wie runter vom Berg. Zusätzlich etwas gegen Kopfschmerzen geben, mehr ist im Fall des bleichen Bayers nicht nötig, um dem gestandenen Abenteurer wieder auf die Beine zu helfen. Selbst das Camp auf halber Höhe bietet einen tollen Ausblick, leider regnet es wie aus Kübeln.

Der weitere Rückweg aus den Bergen ist, auch ohne Claus grummeligen Magen, holprig. Unser linker Stoßdämpfer wird inkontinent. Ohne Dämpfung schlägt der Reifen wild auf und ab, die nächsten

Steinböcke – die hier lebende Art ist extrem selten und vom Aussterben bedroht

80 Kilometer zurück nach Gondar geht es mit maximal 25 km/h voran, das heißt knapp fünf Stunden Fahrt. Ein neuer muss her. Original-Ersatzteile sind nicht zu bekommen, nach langem Suchen findet sich ein ungefähr passendes Exemplar, das sich mithilfe des alten Dämpfers auf die Achsaufhängung des Bullis umbauen lässt. Zumindest mit rund 40 Dollar eine preiswerte Lösung. Das erste Angebot, ein geflickter Dämpfer mit geschweißtem Gehäuse und ramponierter Kolbenstange, sollte unverschämte 180 Dollar kosten.

Claus, unserem Münchener Mitreisenden, geht es mittlerweile deutlich besser, dafür hat sein Toyota ein größeres Problem. Das Hinterachsdifferenzial ist hin, Ersatz teuer. Er findet eine Werkstatt, die ihm bezahlbare Hilfe verspricht. Der Laden sieht nicht gerade vertrauenerweckend aus, erinnert an einen schlammigen, verölten Schrottplatz mit angeschlossener Hausmeisterwohnung. Aber man soll Dinge ja nicht vorschnell nach dem Äußeren beurteilen. Die Profis benötigen mit Claus' Hilfe rund vier Tage für den Einbau eines gebrauchten Ersatzteiles. Zeit genug für Joachim Bornemann, von Addis Abeba nach Gondar zu kommen. Jo fährt die nächsten 14 Tage

Auf über 4000 Meter wird die Natur karg

mit im Bus, ist dafür aus Hamburg mit dem Flieger gekommen. Er möchte Filmaufnahmen von unserer Reise machen. Vier Leute im Bulli, das wird eng. Und so sind die zwei Etagen im Bus aufgeteilt: Auf der rund 1,90 mal 1,10 Meter großen Matratze im Parterre schlafen meine Freundin und ich, in der zweiten Etage, unter dem Klappdach, Kay und der 1,98-Riese Jo. Ordentlich kuschelig in der Nacht, nervig wird es, wenn einer zum Pinkeln raus muss. Die Schiebetür macht beim Öffnen und Schließen einen Höllenlärm, egal wie vorsichtig man dabei ist. Mein Verdacht: Jo hat es an der Prostata.

Gondar bietet Sehenswürdigkeiten, Kirchen in Holz und Stein, die Malerei außen wie innen ist besonders, sehr bunt und verspielt werden christliche Motive dargestellt. Und wirklich überraschend – ein Schloss thront mitten in der Stadt, das alte Castle könnte in Form und Bauart auch am Rhein stehen. Ganz besonders ist die Kaffeezeremonie, die wird im Ursprungsland der Kaffeebohne natürlich entsprechend zelebriert. Sie startet mit frischen Bohnen. Die Frau des Hauses, fein rausgeputzt, sitzt auf einem kleinen Hocker, hat vor sich eine flache Blechschale, auf der sie die frischen

Schmale Piste, völlig überladen und bergab – kein Wunder, dass so viel passiert

Schlechte Strecke, der Stoßdämpfer ist hin

Es lebe die Jugend: viele Kinder in Äthiopien

Bohnen gründlich wäscht und anschließend mit den Händen trocken reibt. Ein kleiner, tragbarer Ofen wird mit Holz angefeuert, die weiß-gräulichen Bohnen in der Blechschale geröstet, geduldig mit einem Feuerhaken gewendet, bis sie die richtige Bräune erreicht haben. Jetzt muss jeder der Anwesenden eine tiefe Nase nehmen – es duftet köstlich. Etwas Weihrauch wird zusätzlich verbrannt, das unterstützt das Geruchserlebnis. Die Bohnen kommen in einen Holzmörser. Unter gründlichem Stampfen bildet sich Kaffeepulver, das schließlich im kochenden Wasser landet, und zwar in der Jebanna – die äthiopische Kaffeekanne hat einen dünnen, langen Hals mit kleiner Öffnung, über den sie befüllt wird. Zusätzlich kommen noch Gewürze ins Gebräu. Mehrfach aufgekocht steigt die Stärke des Kaffees. Eingeschenkt in einem hohen Bogen aus der Kanne und mit viel Zucker in der Tasse, hat der Kaffee einen sehr eigenen Geschmack. Für unsere Gaumen geht es mehr ums Wie als um den tatsächlichen Genuss.

Der letzte Tag in Gondar und die Ankunft des frischen Mitreisenden muss mit einem Festmenü gefeiert werden. Mithilfe unseres Kumpels Adam, einem zehnjährigen Bengel aus der Nachbarschaft, der mittlerweile unser gut bezahlter Vertrauensmann in Gondar ist, finden sich die Hauptakteure. Den zwei Hühnern ist naturgemäß nicht nach Party – ihnen soll es schließlich auch an die Gurgel gehen. Unsere Schlachtversuche sorgen unter den weiblichen Hotelangestellten für Gegacker. Schlag in den Nacken, Hals durch, rupfen und ausnehmen – wer Fleisch möchte, muss Blut sehen können. Erst später beim Essen merken wir, worüber sich die Damen die ganze Zeit in Wirklichkeit lustig gemacht haben: Wir haben zwei alte Gummiadler erwischt, zäh wie Leder, das Gefieder, aber viel Kauen hält schlank und lecker ist der Curry-Gemüse-Hühner-Festschmaus allemal.

Armer Hahn. Wir haben Hunger und es soll einen Fleisch-Eintopf geben

ÄTHIOPIEN

Gondar–Addis Abeba

10 835 km

Am nächsten Tag geht es mit Natalie, Donald und Claus Richtung Lalibela. Natürlich erst nach dem wir uns von unserem Gehilfen Adam verabschiedet haben. Wir drücken ihm eine praktische LED-Lampe und andere Dinge aus unserem Bus in die Hand, auf die wir verzichten können und von denen wir denken, dass sie für ihn sinnvoll sind. Der Kleine ist uns ans Herz gewachsen, und das nach holprigem Start. Erst ging er uns bei seinen Versuchen, Kaugummis zu verkaufen, ganz schön auf den Senkel. Smart und clever wie er ist machen wir uns um Adams Zukunft wenig Sorgen.

Niemals hätten wir in Äthiopien so viel Abwechslung erwartet, es geht über fruchtbare Täler und karge Bergkämme, wunderschön. Nur anhalten, um zum Beispiel die Aussicht zu genießen, ist anstrengend – egal wo, wir sind sofort umringt von Äthiopiern, selbst ein Pinkelstopp ist nicht ohne Zuschauer möglich, das kann ganz schön nerven. In unserem nächsten Ziel, Lalibela, ein UNESCO Weltkulturerbe, gibt es in den Stein geschlagene Kirchen zu bewundern. Der Weg zu diesen über 800 Jahren alten Kulturdenkmälern hat es allerdings in sich. Schlagregen und Schlamm, wir rutschen dem Ziel entgegen. Die dunklen Gewitterwolken am späten Nachmittag sorgen im Spiel mit dem Licht der untergehenden Sonne für eine unglaubliche, fast irreale Stimmung.

Adam (links) mit Kumpels in Gondar

Lalibela, ein Ort mit besonderen Menschen

Schlechtes Wetter (links) auf dem Weg zu den Steinkirchen in Lalibela

Lalibela ist ein sehr touristischer Ort, viele Hotels, alles deutlich teurer als in Gonda. Den ganz großen Trubel haben wir uns allerdings erspart, über Ostern war die Stadt brechend voll. Nach dem großen Fest hat die Laune der Gastronomen etwas von Katerstimmung, das erklärt vielleicht den Unwillen der Hotelbetreiber, auf unsere Preisverhandlungen einzusteigen. Nach langem Hin und Her findet sich ein Platz zum Campen, für 2,50 Euro pro Auto. Die insgesamt elf Felskirchen sind die Wucht, am eindrucksvollsten ist ein in den roten Basaltlava geschlagenes Kreuz. Zumindest sieht es aus der Ferne so aus. Wenn man an den rund zwölf Meter steilen Abgrund tritt, erkennt man erst die ganze Dimension der Kirche namens Bet Giyorgis. Sehenswert. Über eine flache Rampe geht es auf den Grund des christlichen Baues. Man kann die Kirche sogar betreten, von innen ist das sakrale Gebäude aber längst nicht so beeindruckend wie von außen.

Abends große Hektik, unser Fußballverein, der FC St. Pauli, spielt gegen Augsburg, wer dieses Spiel gewinnt hat große Chancen auf den Aufstieg in die Erste Liga – das müssen wir sehen. Internet,

Unsere Reisegruppe: ich, Kay, Donald, Natalie und Claus – Maria macht das Foto

Weltempfänger, Bezahlfernsehen – alle Versuche, live dabei zu sein, scheitern, selbst übers Handy funktioniert es nicht, Empfang zu schlecht. Auch der Besuch in einem Behelfskino, eine einfache Konstruktion aus Holzgerüst mit schwarzer Plane bedeckt, drinnen sechs Stuhlreihen, vorn ein Flachbildschirm und das Versprechen des Betreibers das Spiel zu zeigen, bringt keinen Erfolg. Der gute Mann versucht uns Pakistan gegen Indien unterzujubeln, aber nicht mal Fußball spielen die beiden Mannschaften gegeneinander, es ist Cricket! Mit hängenden Köpfen aufgegeben, taucht Wako auf. Er spricht Deutsch, hat mit Viva con Aqua, einer Hamburger Hilfsorganisation zusammen gearbeitet, Brunnen gebaut. Als äthiopischer St.-Pauli-Fan versteht er unser Problem und schafft es tatsächlich – Dubai Sports überträgt das Montagsspiel. Biertrunkene, laute Freude auf unserer Seite, eine schlaflose Nacht für den Rest der Hotelgäste auf der anderen. Wir feiern den spielerisch überlegenen Sieg unseres Teams – forza FC St. Pauli!

Auf nach Addis Abeba. Geplant ist es, über die Grüne Grenze nach Kenia zu fahren, daher liegt die äthiopische Hauptstadt gezwunge-

Viel Regen, viel Grün im äthiopischen Hochland

nermaßen auf dem Weg. Da es an der Grünen Grenze sonst keine Möglichkeit gibt, bekommen wir auch nur so das nötige Visum für die Einreise ins nächste Land. Die Strecke nach Addis ist mit rund 650 Kilometer zu lang, um sie an einem Tag zu schaffen, wir überlegen wild zu Campen. In allen anderen afrikanischen Ländern ist das kein Problem, in Äthiopien schon – zumindest raten alle Reiseführer davon ab. Grund: zu viele nervige Zaungäste. Uns egal, von der Straße abgebogen und selber ausprobieren. Schließlich sind wir in Afrika, um eigene Erfahrungen zu sammeln. Es geht über einen holprigen, unbefestigten Weg, um einen kleinen Hügel herum. Geschützt, hinter dem kleinen Berg, könnte es vielleicht klappen. Die Hoffnung zerplatzt mit dem Parken der Autos. Zwar bietet sich ein tolles Gelände, ein breiter Kamm mit weitem Blick über die Landschaft, aber leider liegt auch eine kleinere Ansammlung von Hütten in Sichtweite. Kaum sind die Wagen abgestellt, schon werden wir von einer Menge Leute belagert. Donalds Idee: ein Fußballspiel mit den Einheimischen, die Hoffnung nach einem kleinen Turnier verlieren die vielen Äthiopier ihr Interesse an uns.

Das Kicken macht Spaß, erst in gemischten Mannschaften, dann Deutschland gegen Äthiopien. Läuft der Ball bei uns gekonnt durch die Reihen, versuchen sich die Äthiopier mehr mit Einzelaktionen in Szene zu setzen. Die Konditionsvorteile liegen auf jeden Fall klar bei den Einheimischen, kein Wunder, schließlich sind sie halb so alt wie wir, zusätzlich nimmt uns die Höhe von rund 2500 Meter die letzte Luft. Der Ausgang des Spieles? Wir haben uns höflich mit einer Niederlage für die Gastfreundschaft bedankt. Abpfiff mit dem Dunkel werden. Nur leider geht unser Plan nicht auf – keiner der knapp 80 Zuschauer verpfeift sich. Gefühlt steigt sogar die Anzahl an Menschen. Man stelle es sich so vor: Wir sitzen auf kleinen Hockern, erst halten unsere Gastgeber gebührend Abstand, rücken dann aber immer näher, bis am Ende unzählige Körper selbst den Blick zum Himmel verdecken. Zwischendurch immer wieder ein schüchternes Streicheln durch die Haare oder ein kurzer Kniff ins Fleisch – nach dem Motto: »Sind die wirklich weiß oder ist es alles nur ein Fake?« Und dann wird es wirklich unangenehm: Eine Gruppe Halbstarker erzählt von ehemaligen Söldnern, die angeblich von unserer Anwesenheit wüssten und auf dem Weg zu uns wären, um abzukassieren. Ob es stimmt? Keine Ahnung, und sicher nicht der richtige Platz, um den Wahrheitsgehalt dieser Aussage zu prüfen. Kapitulation vor der angekündigten Gewalt und Abfahrt in die nächste Ortschaft.

Ein umzäunter Hotelparkplatz in Artuma bringt endlich etwas Ruhe. Aufgereiht wie an einer Perlenkette stehen Toyota, VW und Land Rover zwischen den einfach gebauten Gebäuden hinter einer hohen Steinmauer. Links Hotelzimmer, immerhin jeweils mit einfachen Bädern, von denen wir eines mitbenutzen dürfen, rechts eine dunkle Küche mit Gastraum. Es gibt Injera, dabei handelt es sich um ein saures Fladenbrot, serviert auf einem großen, runden Blechtablett. Gemüse, Fleisch und Soße in der Mitte liegend, reißt man sich am Rand etwas vom Brot ab und nutzt das Stück statt eines Löffels zum Essen der mittigen Beilagen. Das Sauerbrot mit den vielen Bläschen erinnert mich in Aussehen und Geschmack an Innereien, mein Lieblingsessen wird es nicht.

Heimarbeit: der alte Mann und seine Nähmaschine

Was für ein Blick – Gott muss einen guten Tag gehabt haben, als er Äthiopien erschaffen hat

Das nächste Ziel ist Addis Abeba mit rund drei Millionen Einwohnern. Es wird Zeit, die äthiopische Hauptstadt zu erreichen. Jo muss zurück nach Deutschland, um Bilder vom wahrscheinlichen Aufstieg des FC St. Pauli zu drehen. Unser Fußballclub spielt die Hauptrolle in seinem Filmprojekt, in dem wir auch einen kleinen Part abbekommen sollen. Die Fahrstrecke ist frisch geteert, klebrige Bitumenpampe klatscht an die Fahrzeugflanken des Bullis. Der Straßenbau in Afrika ist komplett in asiatischer Hand. Selbst in den entlegensten Ecken Äthiopiens finden sich chinesische Bautrupps, um ihr schwarzes Asphalt-Band quer durch das Land zu ziehen. Das Überraschende für uns: Man sieht wenig einheimische Arbeitnehmer. Ob Baumaschinen oder ein großer Teil der Arbeitskräfte, alles kommt aus dem fernen Osten. Spricht man Afrikaner auf die asiatischen Gäste an, hört man nicht viel Gutes, üble Arbeitsbedingungen und ein menschenverachtender Umgang sollen vorherrschen. Um Entwicklungshilfe geht es hier nicht, für den Straßenbau gibt es Kredite von den Chinesen. Zurückgezahlt wird mit Bodenschätzen und anderen Verpflichtungen Richtung Asien. Man hat den Eindruck, dass es hier am Ende nur einen Gewinner gibt, und der kommt nicht aus Afrika. Und ob alle Versprechen am Ende halten? Zumindest sind wir über relativ neue Straßen gefahren, die schon wieder in einem katastrophalen Zustand waren. So schlimm, dass man eine gepflegte Dirtroad den Asphalt-Flicken-Loch-Teppichen vorzieht.

Regen und Matsch, die Straßen waren Richtung Addis Abeba schrecklich

Klar, dass auch in Addis nicht wild gecampt werden kann, der Bulli wird in »Wims Holland House« geparkt. Die Mischung aus Mini-Campingplatz und Hostel liegt mitten in der Stadt. Wim, der Niederländer, lebt seit über 30 Jahren in Afrika und spuckt nicht ins Glas. Zur Begrüßung bietet der angetrunkene Hotelier

Telefonzellen in Addis Abeba, trotz der vielen Handy-Besitzer

eine zünftige Kneipen-Schlägerei mit einem seiner Stammgäste. Super, wie auf der Hamburger Reeperbahn. Da kommt zumindest kein Heimweh auf. Überraschenderweise ist das Essen lecker, hätte man den Zustand des Wirtes betrachtend nicht drauf schließen können. Auch Addis selbst macht auf uns einen ziemlich abgerockten Eindruck, viele Schlaglöcher in den Straßen und eine zumindest auf den ersten Blick strukturlose Stadtplanung. Es wird viel abgerissen und viel neu gebaut. Zu Kays Leidwesen sind die Internetverbindungen, selbst in den größeren Hotels, unerträglich langsam. Er kümmert sich rührend um unsere Internetseite, braucht aber ewig, um ein paar Bilder im Netz hochzuladen. Dafür kann man nicht einmal fünf Minuten mit einer Kamera in der Hand an einer Straßenecke stehen, ohne dass man von einem Spitzel angesprochen wird. Was macht ihr? Habt ihr eine Erlaubnis zu filmen? Die Burschen nerven und sind schwer wieder loszubekommen. Zum Glück hat Jo eine Drehgenehmigung.

Auf dem Markt herrscht Taschendiebstahlalarm! Hier könnten sich die Zivilbullen mal nützlich machen. Ständig haben wir einen

Schatten an den Hacken, der auf eine günstige Gelegenheit wartet. Und tatsächlich, es erwischt mich mit dem alten Zwei-Gauner-Trick: Ein Typ lässt mich links auflaufen, während der andere in die rechte Hosentasche greift. Hallo Jungs, unsere Sozialisation fand auf dem Hamburger Kiez statt! Ich erwische die Hand samt Portemonnaie gerade noch rechtzeitig in meiner Hosentasche. Mit der Linken den Typen am Kragen, mit der Rechten den Inhalt der Hosentaschen auf Vollständigkeit prüfend, sorgt die Aktion für einen riesigen Menschenauflauf. Am Ende müssen wir den Gauner schützen, damit er unbeschadet verschwinden kann. Die Meute will ihm ans Leder, im besten Fall nur verprügeln. Seit Tagen versucht Jo, Addis zu verlassen, immer wieder wird sein Flug verschoben. Sein Problem: Eyjafjallajökull, der Isländische Vulkan ist ausgebrochen. Eine riesige Aschewolke hat jetzt über eine Woche den Flugverkehr in Europa behindert. Fünf Tage später als geplant bekommt Jo endlich den gewünschten Sitzplatz Richtung Hamburg. Sein Weggang heißt für Kay wiedergewonnene Freiheit, ganz genau Bein- und Kopffreiheit – er muss seinen engen Schlafplatz im Obergeschoss des Bullis nicht mehr teilen.

Waschtag. In einer Seitenstraße hängt die Kleidung zum Trocknen zwischen den Häusern

Donalds Land Rover in Reparatur, Claus' Toyota auf der Hebebühne – zu siebt fahren wir im VW Bus Richtung Kenianischer Botschaft, immerhin der Bulli hält durch. Ein Passfoto, ein Formular und 300 Birr, rund zwölf Euro – so einfach kann das Beantragen eines Visums sein. Schon am Nachmittag liegen die Pässe mit frischen Stempeln zum Abholen bereit.

Dummerweise muckt Claus' Differenzial immer noch. Macht nichts, können wir uns um unsere tropfende Einspritzleitung kümmern, die hat einen feinen Riss. Ersatz gibt es vor Ort nicht einmal beim offiziellen VW-Händler. Abenteuerlich sind die Reparaturversuche in einer Hinterhof-Werkstatt. Erst wird aus einer riesen Kiste eine Leitung gekramt, die zumindest ungefähr wie unser Original aussieht.

Leiser Einwand von uns: »Das passt nicht.«

Die Leitung wird, den Hinweis ignorierend, montiert. Motorstart. Diesel spritzt.

Zweiter Versuch: Leitung wieder raus. Einen Faden geschnappt und als Dichtung um die Verschraubung gewickelt.

Einwand, etwas lauter: »Das klappt nicht!« Hinweis ignoriert – Diesel spritzt.

Dritter Versuch: Den Faden zusätzlich zum Abdichten in weiße Farbe getunkt und wieder alles montiert.

Einwand, laut: »DAS KLAPPT NICHT!«

Diesel spritzt!

Schluss, Pfuschen können wir selbst. Jetzt bin ich dran mit einem Versuch. Die alte Leitung kommt zum Einsatz. Die defekte Stelle wird dick mit einer Stahl-Reparatur-Knete umwickelt und tatsächlich, nach ein paar Stunden trocknen hält sie den rund 130 Bar Einspritzdruck stand. Für die nächsten Strecken wird es reichen, wir brauchen trotzdem schnellstmöglich Ersatz. Nach acht Tagen ist auch der Toyota repariert. Es stellte sich heraus, dass die Werkstatt in Gondar Claus übers Ohr gehauen hat. Obwohl er die meiste Zeit beim Auswechseln des Differenzials dabei war, haben sie es geschafft, ihm ein defektes Teil unterzujubeln. Überraschend, wie sportlich der Münchner die teure Sauerei nimmt.

Afrikanisch reparieren: eine Einspritzleitung und ein Vorwiderstand für den Kühlerventilator

Mago-Park: Hier war schon lange kein Auto mehr

ÄTHIOPIEN

Addis Abeba– Mago-Park

11728 km

Es geht weiter Richtung Mago-Nationalpark. Die Anfahrt und der Standplatz im Camp sind unglaublich schön – eine Nacht am roten Lake Langano die ungewöhnliche Färbung hat das Wasser aufgrund des hohen Sodagehaltes. Seeadler schrauben sich durch die Luft, ein gewaltiges Gewitter sorgt für dramatische Untermalung. Die Landschaft ist mittlerweile tropisch, viele Bäume, alles wächst so kurz nach der kleinen Regenzeit in den Himmel. Und Nass geht es auch weiter, der viele Regen hat einen Fluss über die Ufer steigen lassen. Ein vollbesetzter Reisebus hat es nicht geschafft durchs Wasser zu kommen, steckt mit allen Passagieren an Bord mittendrin fest. Der Bus hängt auf halb acht, die Strömung reißend. Ein Lkw versucht von der anderen Flussseite mit einem Stahlseil den Bus aus dem Gewässer zu zerren, seine Reifen drehen durch, ein zweiter wird zusätzlich davor gespannt. Eine Traube aus Autos, Lkw, Eselskarren, Menschen zu Fuß und mit Fahrrädern hat sich gebildet. Rinderherden quetschen sich vorbei, viele Hände bauen eine Schneise neben dem Hindernis. Alles sehr chaotisch, unübersichtlich. Das Problem: Der verbleibende Platz ist maximal drei Meter breit, der holprige Untergrund schwer einzuschätzen, die Fluten reißend. Wer die Furt nicht trifft, stürzt entweder links einen kleinen Wasserfall hinunter oder knutscht rechts den Bus. Ein Unimog zeigt wie es geht, wir gleich hinterher. Der Bulli springt über die Steine, bleibt aber in der Spur, mit zitternden Knien erreichen wir das rettende Ufer.

Überschwemmte Straße, der Bus steckt fest

**Lake Langano:
Im See soll es
viele Krokodile
geben**

Beim Fahren zum geplanten Schlafquartier geht es an zwei, drei umgestürzten Sattelzügen vorbei. Verlassen und aufgegeben liegen sie wie tote Tiere auf der Seite. Komisch, sie sehen gar nicht so kaputt aus im Vergleich zu dem, was einem hier auf der Straße so entgegenkommt. Lohnt sich die Bergung in dieser abgeschiedenen Gegend etwa nicht? Oder holt gerade jemand Hilfe?

Ein Spaß ist das Kochen am nächsten Schlafplatz. Ein paar Affen sitzen in den Bäumen, haben Kay fest im Blick. Was wir nicht ahnen: Sie führen Böses im Schilde. Beobachten sein Tun am Herd, um dann, als er mit dem Rücken zu ihnen steht, urplötzlich zuzugreifen. Der Oberaffe schnappt sich das Brot vom Tisch und verschwindet damit in den Bäumen. Uns lässt er nichts, mit seinen haarigen Kollegen teilt er. Keine Chance zu reagieren, Frechheit, blöde Primaten! Und die Angriffe aus der Tierwelt gehen weiter, unzählige Moskitos sehen die offene Tür als Einladung, die Zahl der Bulli-Bewohner hat sich in ein paar Minuten verzigfacht. Über Nacht ist ein übler Aderlass zu befürchten. Der nächste Morgen: Völlig zerstochen, blutleer und müde fängt ein gebrauchter Tag

an, blöde Mücken! Und, oh, große Überraschung, am Abend der nächste Versuch, uns auszusaugen. In Konso verlangt man nach dem Essen im Restaurant plötzlich den doppelten Preis von dem auf der Karte genannten – mit dem Hinweis, wir wären ja schließlich Weiße. Bei dir piept's wohl, blöder Kellner!

Bevor es in den Mago-Park geht, gilt es zusätzliche Vorräte zu bunkern. Grund: Es lässt sich nicht sagen, wie lange wir für die nächsten Etappen brauchen, die Straßen können sehr schlecht sein und auch wann es wieder Kraftstoff gibt steht in den Sternen – am Ende des Tages haben wir Plastikkanister besorgt, mit zusätzlichen 40 Liter Diesel befüllt, reichlich Essen und Trinken dabei. Frisches Gemüse und ein paar Eier finden sich auf dem Markt in Jinka. Unsere erste Begegnung mit den Mursi. Das Volk ist wegen seiner Tellerlippen bekannt, lebt zu einem großen Teil im Nationalpark. Als die hochgewachsenen Bauern und Rinderzüchter uns entdecken, schieben sich die Frauen aus der Gruppe schnell eine Art Holzteller in ein großes Loch in der Unterlippe, fordern Kay auf, ein Foto zu machen – gegen harte Dollar, versteht

Immer wieder umgekippte Lkw auf dem Weg durch Äthiopien. Viele sahen so aus, als ob sie schon vor langer Zeit aufgegeben wurden und eine Bergung nicht lohnt

Immer wieder überrascht uns die Freundlichkeit der Kinder

sich. Das ist ihm dann doch zu doof! Ohne den runden Abstandhalter im Mund hängt die Lippe runter, weit über das Kinn wie ein ausgeleiertes Gummiband und gibt den Blick frei auf die untere Zahnreihe, in der dann auch noch Schneidezähne fehlen, um Platz für den Teller zu schaffen – für unser europäisches Schönheitsideal ist dieser chirurgische Eingriff schwer zu verstehen. Obwohl, wenn man sich ansieht wie groß die Tunnel in so manchem Kreuzberger-Ohr mittlerweile sind, ist zumindest die Berliner Jugend bereit für die ersten Tellerlippen-Träger. Zur Erklärung: Tunnel sind künstliche Öffnungen in den Ohrläppchen, die den äthiopischen Tellerlippen gleich mit immer größer werdenden Zylindern beziehungsweise Scheiben gedehnt werden.

Erst über geteerte Straßen, dann über Schotter geht es Richtung Mago-Nationalpark. Bergig ist es hier, die Vegetation voller Kraft – keine Überraschung, schließlich kam die letzte Zeit viel Wasser runter. Schon auf den ersten Metern in dem Park ist klar: Hier fährt nur selten ein Auto durch. Eine große, grüne Hinweis-Tafeln zeigt den Zugang an, zum Glück versperrt kein Schlag-

Maria (Mitte) auf der Suche nach Vorräten in Jinka

baum die Einfahrt in das Tier- und Pflanzenreservat. Nach ein paar Kilometern landen wir an einem Verwaltungsgebäude. Hinweis des Parkrangers: »Jungs, seid vorsichtig, die Straße ist in einem nicht so guten Zustand.« Scheiße, die schlimmste Untertreibung seit der Behauptung, das Tote Meer wäre erträglich salzig. Rund drei Kilometer nachdem wir den Typen getroffen haben die erste Flussdurchfahrt. Das Wasser schwappt bis zum oberen Scheibenrahmen, auf der letzten Rille erreichen wir das rettende Ufer, stecken dann aber in der schlammigen Böschung fest. Claus muss uns am Seil die letzten zwei Meter ziehen – 70 Bulli-PS sind einfach zu wenig. Und trotzdem: Schwein gehabt, wir sind durch.

Weiter, weiter, der Weg lässt sich kaum erkennen, die Natur holt sich die sandigen Fahrspuren Stück für Stück zurück. Rund zwei Stunden geht es mit maximal 20 km/h holprig vorwärts. Absolute Wildnis, eine buschige Steppe, zwischendurch Antilopen, Perlhühner und anderes Getier. Vor dem Dunkelwerden findet sich eine schöne freie Fläche zum Campen, Zeit zum Kochen und für einen Cocktail als Sundowner. Leider stören sich die

Eine kleine Dikdik Antilope hat uns erschnüffelt

Moskitos nicht am Gin Tonic, es wird eine Horrornacht im Bulli. Völlig zerstochen – zum zweiten Mal. Wer behauptet, der Mensch stehe am Ende der Nahrungskette, hat sich noch nie mit einer Horde Mücken angelegt.

Müde gestartet endet die Tagesetappe schon nach knapp fünf Kilometern – Schuld für den viel zu frühen Stopp: Ein Fluss ist weit über die Ufer getreten. Um festzustellen, ob das Wasser steigt oder sinkt, kommt ein Stock mit Kerben in den Fluss. Jetzt heißt es, einen Tag und eine Nacht zu warten, um zu sehen, ob es hier weitergeht oder wir den Weg zurück müssen. Am nächsten Morgen ist der Pegel tatsächlich etwas gesunken, rund 30 Zentimeter. Um die matschige Strecke zu erkunden geht Kay ins brusttiefe Wasser und stellt fest: Was für uns wie ein Fluss aussieht, ist in Wirklichkeit die Straße! Der eigentliche Wasserlauf kommt erst 100 Meter später von der linken Seite. Katzentapser im Schlamm, Spuren von Schlangen, Elefantenscheiße, aber keine Viecher zu sehen. Gibt es im Mago Park eigentlich gefährliche Tiere? Wird schon gut gehen.

Flussdurchfahrt, das Wasser bis zur Dachkante

Gegen zwei Uhr nachmittags, der Wasserspiegel ist insgesamt einen halben Meter tiefer, steht die Entscheidung – wir riskieren die Durchfahrt. Im Fluss stehend, werden mit Schaufel und Spaten die größten und steilsten Kanten an den Ufern geglättet, zusätzlich kleine Bäume gefällt. Claus fährt vor, mit Sandblechen und Seilwinde gelingt die Überfahrt des Land Cruisers. Der Bulli ist zwei Stunden später als nächstes dran, meistert die ersten Meter überraschend gut, bleibt aber kurz vor dem rettenden Ufer an einer großen Kante hängen. Und dann passiert der Gau – Wasserschlag, das heißt die Brennräume sind geflutet, ein Totalschaden des Motors droht. Aufgeben gilt nicht: Im Matsch stehend sind die Glühkerzen aus dem Zylinderkopf zu schrauben. Eine beschissene Arbeit, durch die ungewöhnliche Einbaulage des Motors im Heck lassen sich die Kerzen kaum mit dem Maulschlüssel erreichen. Aber sie müssen raus, der Plan: Der Anlasser soll die Zylinder mithilfe der Kolben trocken pumpen. Und tatsächlich, beim Dreh am Zündschlüssel schießt durch die Glühkerzenbohrungen das Wasser. Durch die Taktung des Motors erinnert das Spektakel an

Noch ist alles entspannt – Sundowner im Mago Park

einen Springbrunnen. Es dauert Stunden und wird bereits dunkel, bis die Glühkerzen wieder an ihrem Platz und alle Leitungen angeschlossen sind. Aber der Bulli beweist sein Kämpferherz, der Motor kommt beim Dreh am Schlüssel stotternd in die Pötte. Hurra, es geht weiter – genau 100 Meter. Tiefes Wasser und noch tieferer Schlamm, die beiden Autos stecken wieder fest. Also alles von vorn, mit dem Wagenheber den Toyota von Claus anheben, Sandbleche unter die Reifen, Baum suchen für die Seilwinde und raus aus dem Mott. So der Plan, nur kein Baum will halten, das Stahlseil zieht einen der dünnen Stämme nach dem anderen samt Wurzel aus dem weichen, sandigen Boden. Mittlerweile ist es drei Uhr in der Früh, wir stehen seit elf Stunden im Wasser, es reicht langsam, die Kräfte und die Laune schwinden. Kay schaufelt eine kleine Insel im Fluss beiseite. Ich schraube das Reserverad vom Heck des Bullis ab. Die neue Idee: Statt eines Baumes soll der Ersatzreifen als Erd-Anker dienen. Schön gedacht, am Ende graben wir das Ding vier Mal im weichen Boden ein. Erst mit einem zusätzlich in die Erde getriebenen Sandblech hält der Rei-

Dank Seilwinde geht es irgendwie vorwärts

Buddeln bis zur Erschöpfung – selbst in der Nacht geht der Kampf weiter

fen den Zugkräften stand, der Land Cruiser zieht sich langsam aus den Fluten. Völlig übermüdet bekommt keiner mit, dass der Haken in die Seilwinde läuft: Bruch in der Antriebsmechanik und weitere Überstunden im Fluss. Blattfedern und Hinterachsdifferenzial hängen im Schlamm, das heißt auf dem Bauch liegend den Unterboden frei graben. Maria kämpft mit dem Spaten in der Hand gegen die Zeit. Es blitzt und donnert in den Bergen, wenn jetzt mehr Wasser von den Hügeln runterkommt, sind wir verloren. Es dauert bis zum Hellwerden, bis der Toyota komplett aus dem Wasser ist. Als nächstes ist der Bulli an der Reihe. Der Toyota zieht vorne am Seil, zusätzlich soll der Bus mit eigener Kraft das Vorhaben unterstützen, so der Plan. Nur der Motor will nicht starten, Licht zu lange angelassen. Also Batterie bei Claus ausbauen, Bus überbrücken. Batterie wieder zurück in den Toyota – Mann, dauert das alles lang und nervt. Der Motor läuft und wir schaffen genau 15 Meter, hängen windschief in einem tiefen Loch. Und was macht der blöde, poröse Ansaugstutzen des Bulli: er hält nicht dicht – Wasserschlag die Zwote. Knietief im Fluss stehend müssen die Glühkerzen erneut raus, zumindest sorgt die Routine für eine deutliche Zeitersparnis beim Schrauben. Bloß nichts fallen lassen, in der Brühe wäre jede Schraube für immer verloren.

Später die bittere Erkenntnis: Rausziehen ohne Seilwinde klappt nicht, die Räder des Toyota finden keinen Halt im weichen Sand, drehen durch und damit ist der Land Cruiser auf dem besten Weg, sich wieder selbst komplett festzufahren. Ein anderer Plan muss her. Aus purer Verzweiflung landet der High-Lift-Wagenheber zwischen den beiden Autos am Seil, und tatsächlich: es funktioniert – ein Meter Hebelweg ergibt zwei Zentimeter Vortrieb, besser als nichts. Stück für Stück wandert der Bulli per Muskelkraft aus dem Sumpf.

Man sieht's – Kay ist am Ende seiner Kräfte

Aber bitte, zu früh gefreut, die Pechsträhne geht weiter: Beim Versuch, die Arbeit durch ziehen mit dem Auto abzukürzen, reißt das Abschleppseil, der Wagenheber fliegt durch die Luft und verbiegt. Autsch, das hätte ins Auge gehen können! Die Strecke von lächerlichen 600 Metern dauert fast 48 Stunden und das Ende des Parks ist noch lange nicht in Sicht. Maria, Claus, Kay – wir sind nach der kräftezehrenden Schufterei am Ende. Zu allen Strapazen hat mir Maria auch noch – aus Versehen, so hoffe ich zumindest – eine Ladung Insektengift ins Gesicht gesprüht. Mit geschwollenen Schleimhäuten kann ich weder Wasser schlucken noch einen Bissen essen. Hunger, Durst – zum Heulen!

Am nächsten Tag bleibt die Karawane noch einmal in einem trockenen Flussbett stecken, Bäume sind zu zersägen, Stämme aus dem Weg zu ziehen, eine Schneise durchs dichte Unterholz zu schlagen. Ein Weg ist nicht zu erkennen, wir vertrauen dem Navi blind. Keine Frage, diesen Park haben die Tiere die meiste Zeit für sich allein.

Sandbleche verbogen, Wagenheber krumm, Abenteurer erschöpft

Mittags stehen wir plötzlich vor einem Dorf, die ersten Menschen seit fünf Tagen. Die Leute sind sehr urig, rötlich glänzend, Lendenschürze, Oben ohne, viel Schmuck, Ziernarben verschönern den Körper und eine Art Butter die Rot gefärbten Haare. Krass, sehr ungewöhnlich. Mit dem Dorf haben wir den Park endgültig verlassen. Ganz ehrlich, ich bin stolz auf meine Truppe, alle haben gekämpft, keiner aufgegeben. Mit diesen drei Typen kann man Wort wörtlich Bäume ausreißen!

Kay: Als wir nach Tagen im großen Fluss in dem trockenen Flussbett erneut stecken bleiben, fange ich an zu graben, bis ich nicht mehr kann, reiche den Spaten weiter und entschuldige mich kurz. Meiner Meinung nach ist Claus viel zu langsam da reingefahren, logisch, dass sein Wagen wieder festsitzt. Ich platze, aber muss mich zusammenreißen, vor den anderen geht das nicht, alle haben tagelang gekämpft. Ich gehe außer Hörweite, meine Wut und mein Frust müssen raus. Nach zehn Minuten habe ich mich wieder gefangen und buddele weiter.

Bernd erzählt mir später, dass sie mich doch noch hören konnten. Die Tage im Mago-Park waren krass. Frustrierend, erschöpfend, hart, aber auch ein tolles Erlebnis, was Teamgeist und Moral betrifft.

Alles muss raus! Für die Bergung machen wir den Bulli leicht

Begegnung – auf dem Weg nach Kenia

ÄTHIOPIEN–KENIA

Mago-Park – Kenianische Grenze

12 002 km

Nächster Stopp, Turmi – Wasser auffüllen und Gemüse kaufen. Maria muss unbedingt in ihrer Firma anrufen, ihr Urlaub ist zu Ende. Durch unser Steckenbleiben hat sie keine Chance mehr, rechtzeitig nach Deutschland zu kommen. Blöd: Das Kaff hat zwar einen Handymast, der ist aber nicht an die Stromleitung angeschlossen und mit den drei Festanschluss-Telefonen im Ort kann man nicht ins Ausland telefonieren. Dafür karre ich beim Zurücksetzen mit dem Bus einen der spärlich gesäten Strommasten an. Volltreffer. Bürgermeister, Dorfpolizist und zwei weitere Typen mit unbekannter Aufgabe greifen uns im Camp ab. Zwar ist am Bulli nur ein Rücklicht zerbrochen und der Mast völlig unversehrt, reichlich Kohle wollen die Knaben aber trotzdem. Klar, wer sich als Tourist in Afrika einen Fehler erlaubt, wird abkassiert – es geht direkt ins Rathaus. Der Vorwurf: Unser kleiner Bums mit dem Bus habe zwar äußerlich keinen Schaden am Strompfahl angerichtet, aber versteckt tief in der Erde sei das Fundament gebrochen. Schon klar. Ortsbesichtigung, wackeln am Mast, nichts bewegt sich. Dummerweise auch nicht die Meinung des Dorfvorstehers, er bleibt stumpf bei seiner Unterstellung: Fundament gebrochen. Anfangs werden 110 Euro aufgerufen, am Ende einigen wir uns mit dem Bürgermeister auf 20 Dollar, schließlich muss auch er sein Gesicht wahren. Maria hat den Preis gedrückt, sie kann auf Knopfdruck heulen und hat es tatsächlich geschafft, Mitleid bei unseren Verhandlungspartnern auszulösen.

Unser Camp im Dorf wird auch von einheimischen Touristenführern genutzt; als sich rumspricht, dass wir durch den Mago-Park gefahren sind, herrscht Ungläubigkeit. Bei unserer kleinen Filmvorführung auf der Kamera mit den verschiedenen Wasserdurchfahrten steht eine Traube um uns herum – Kommentar: »Ganz schön tough, euer Bus – durch den Park ist seit mindestens einem Jahr keiner mehr durch.« Jetzt wird einiges klar! Stolz wie Bolle steigen

Male – in Äthiopien gibt es viele weitere Ethnien

wir in unseren Bulli, endlich hat mal jemand Anderes bestätigt, was wir schon lange wissen: Unser Kombi ist ein verdammt guter Kletterer. Weiter geht es Richtung Grüner Grenze, eigentlich müssten wir vorher unsere Pässe in Omorate stempeln lassen, aber unser Visum ist seit drei Tagen abgelaufen. Also besser den Umweg ersparen und die mit Sicherheit unfassbar hohe Strafe für das Visavergehen. Mit etwas Glück klappt es ohne Kontrolle, nach Kenia einzureisen.

Immer Richtung Süden, vorbei an einfachen Rundhütten, geht es über sandige Fahrspuren mitten über die zentralen Plätze der kleinen Dörfer und durch trockene Flussbetten. Gott sei Dank regnet es nicht mehr. Kinder laufen winkend neben unserem Bus her, Ziegenhirten stehen im traditionellen, bunten Outfit und mit erschreckend modernen Waffen an der Strecke. Grund für die Knarren: Es soll hier im Grenzgebiet Streitigkeiten um Vieh und Weideflächen geben, Dörfer sich gegenseitig überfallen. Und trotzdem, man will die ganzen Eindrücke förmlich aufsaugen, um sie irgendwie für sich zu archivieren – so wild haben wir uns Afrika in unseren kühnsten Träumen vorgestellt.

Viele Autos kommen nicht vorbei, Claus genießt den freundlichen Empfang

Die Euphorie endet an der Grenze: Sie haben tatsächlich eine Polizeistation ins Nichts gebaut, ein paar einfache Blech- und Holzhütten hingestellt. Für einen kurzen Moment überlegen wir, einfach durchzubrettern – blöde Idee, schließlich trägt hier jeder Zweite eine Kalaschnikow und sieht aus, als ob er auch damit schießen würde. Also gestoppt und Pässe vorgezeigt. Ein Blick reicht den Beamten, um unser Vorhaben und das Fehlen eines Ausreisestempels zu erkennen. Die Polizisten wollen uns prompt nach Omorate zum Nachholen der Grenzformalitäten zurückschicken. Mit Engelszungen wird auf sie eingeredet, erklärt, dass unser Dieselvorrat nicht reichen würde und tatsächlich, sie lassen sich erweichen, wollen mit ihren Vorgesetzten in Omorate funken. Unser Glück, die Verbindung klappt nicht und einer der vielen Soldaten ist auf unserer Seite, meint nach einer halben Stunde, wir sollen weiterfahren. Das muss er nicht zweimal sagen – in die Autos gesprungen und los! Nicht, dass es doch noch mit der Funkerei klappt oder die Grenzer merken, das auch unser Visum abgelaufen ist.

Giraffengazellen versuchen, dem Bulli zu entkommen

KENIA

12 834 km

Kenianische Grenze– Nairobi

Auf der kenianischen Seite geht es zur Registrierung in ein kleines Grenzdorf. Auf einem Hügel thront über den für diese Gegend typischen Rundhütten und anderen einfachen Behausungen eine alte, aus Stein gemauerte Polizeistation. Gut gelaunt und im perfekten Englisch bestätigt der Beamte den Grenzübertritt, die eigentlichen Einreiseformalitäten, erklärt er, könnten aber erst in Nairobi gemacht werden. Eine Woche – dieses knappe Zeitfenster bleibt, um die Formalitäten in der kenianischen Hauptstadt zu erledigen.

Weiter geht die Route durch den Sibiloi-Park entlang des Turkanasees. Die Nacht am Wasser ein Traum. Die Autos stehen zwischen den Ruinen eines verlassenen Camps. Ein Strand mit weißem Sand, weit und breit keine Menschenseele – ab in den See, abkühlen. Angst vor Bilharziose haben wir nicht, unsere Hoffnung: Der hohe Salzgehalt hält die Würmer fern. Hoffentlich wissen es auch die kleinen Plagegeister, denn der Parasiten-Angriff ist übel. Sie bohren sich in die Haut, wandern durch die Blutgefäße bis in die Leber. Von den Nilkrokodilen, die es hier im See auch geben soll, ist zum Glück nichts zu sehen. Offensichtlich stehen sie mehr auf die Fische im Wasser als auf das Fleischangebot an Land. Kay wirft seine Angel aus. Kein Petri Heil, keinen frischen Fisch gefangen, stattdessen vegetarisches Risotto. Mann, geht es uns gut!

Grashüpfer sehen bei uns irgendwie anders aus

Unsere Wagen stehen versteckt im Gebüsch

Die Wege im Park sind gepflegt, Flussdurchfahrten mit Steinen gesichert. Die Straße besteht aus unterschiedlich großen Lavabrocken, durch die Höhenunterschiede im Belag wird der Bus allerdings kräftig durchgeschüttelt und man fühlt, wie die Technik leidet. In der kargen, trockenen Savanne sind nur wenig wilde Tiere wie Leierantilopen und Giraffengazellen zu sehen. Gegen 14 Uhr endet die holprige Fahrt vor einer Schranke, böse Überraschung – sie wollen Geld für die letzten Kilometer Fahrt durch das Reservat. Insgesamt 88 Dollar verlangt der Ranger, zu viel, schließlich gab es an der Einfahrt in den Park keinen Hinweis, dass die Durchfahrt am Ende etwas kosten würde. Wir bleiben stur, der herbeigeholte Chef-Aufseher auch. Unser Portemonnaie verschlossen wie die Schranke – also Umdrehen, eine andere Ausfahrt aus dem Dilemma suchen.

Das weitere Geruckel ist zu viel für unseren alten Bulli, kaum ist der Sibiloi-Park nach rund 40 Kilometern durch die Hintertür verlassen, steigt Rauch aus dem rechten Lüftungsschacht. Erster Gedanke: Wasserqualm – Scheiße, die Zylinderkopfdichtung ist durch. Kay macht beim Aussteigen noch entspannt ein Foto, ich

Der Blick von unserem Camp über den See – traumhaft

bücke mich, um durchs Radhaus die genaue Ursache zu entdecken. Und kann nicht glauben, was ich sehe – Flammen schlagen aus dem Motorraum. Entsetzen. Selbst die Feuerlöscher scheinen panisch, zumindest verweigert der erste seinen Dienst, erst der zweite bläst den Inhalt auf die Flammen. Zu spät für die Feuersbrunst. Er hat sein Pulver zu schnell verschossen, unter dem Wagen lodert es munter weiter. Jetzt gilt es den Brandherd von oben zu bekämpfen. Um Zeit zu sparen schlägt Kay die Gurte des Heckträgers mit der Machete durch. Klappe auf, Werkzeugschublade rausgerissen und die kochend heiße Motorabdeckung abgehoben, alles dauert keine Minute. Was jetzt passiert, ist keine Überraschung. Mit dem Verschwinden des Deckels bekommen die Flammen mehr Luft, schlagen im Innenraum hoch bis unters Dach – eine Jeans, Pullover, Moskitonetz, mein St.-Pauli-Trikot – alles angebrannt. Schnell wird klar: Hier geht es nicht mehr darum, den Motor zu retten, der komplette Bus inklusive unserem gesamten Hab und Gut steht kurz davor, abzufackeln! Glücklicherweise haben wir die Wasservorräte aufgefüllt. Literweise kippe ich Wasser auf die Flammen, während Kay versucht,

Motorbrand! Das Ende unserer Reise? Der Bus wäre fast komplett abgebrannt, mit dem letzten Wasser konnten wir löschen. Eine erste Bestandsaufnahme zeigt – alles aus Kunststoff ist verbrannt. Eine Reparatur vor Ort ist ausgeschlossen

die wichtigsten Sachen aus dem Bulli zu retten, falls der Kampf am Fahrzeugheck verloren geht. Rechner, Knipse, Ausweise, Klamotten und Geld – alles landet auf der Wiese, bis Kay bei zu viel Qualm die Luft ausgeht, er nicht mehr weiter machen kann. Währenddessen renne ich zwischen Schiebetür, dem Lagerort unser Kanister, und Fahrzeugheck hin und her, um immer mehr Wasser zum Löschen nachzuschütten, sogar die letzten Reserven hinter dem Fahrersitz landen im Feuer. Gott sei Dank reichen am Ende 60 Liter, um die Flammen zu ersticken. Und so plötzlich, wie das Feuer geht, kommt die Stille. Geschätzte 750 Kilometer weit weg von allem stehen wir mit einem ausgebrannten Motor im Nichts. Selbst wenn wir wollten, könnten wir niemanden zur Hilfe rufen, eine Handyverbindung gab es die letzten zehn Tage nicht, auch das letzte Auto kam vor Tagen vorbei. Erst die vielen Strapazen im Mago-Park und dann dieser schreckliche Nackenschlag. Fassungslos und ausgebrannt wie der Bulli stehen wir mit einem flauen Gefühl im Bauch da, hier könnte die Reise zu Ende sein. Zum Heulen!

Wo sind eigentlich Claus und Maria? Während wir um unsere afrikanische Existenz kämpfen, haben sie nichts vom Drama in ihrem Rückspiegel bemerkt, sind einfach weitergefahren. Als sie endlich umdrehen, gehen sie davon aus, es handelte ich um einen harmlosen Fotostopp, Affen knipsen. Oder einen Platten am Bus – fassungslos stehen sie nun neben uns am ausgebrannten Motor, sind sprachlos wie wir. Okay, Mund abwischen, Tränen trocknen – weitermachen. Als erstes weg vom Unglücksort. An diesen Abend hängt der Bulli rund zehn Kilometer am Abschleppseil, bis wir ein Lager aufschlagen. Kay verbringt die Nacht in den stinkenden Überresten. Mir und Maria riecht es zu sehr nach verbranntem Plastik, es wird gezeltet.

Was machen wir bloß mit dem ausgebrannten Bulli? Erste Gedanken schießen durch den Kopf: Fahrgestellnummer rausfeilen und Bus komplett abfackeln, das Wrack einfach stehen lassen. Oder Bullireste im nächsten Dorf verhökern und von Nairobi nach Hause fliegen – nein, nichts überstürzen – Kay fängt sich als Erster, will zur Not sogar weiter Richtung Kapstadt trampen, schnell reift der Gedanke: Wir wollen nach Südafrika und der Bulli muss irgendwie mit, auch wenn er die nächsten 750 Kilometer am Abschleppseil hängt. Etwas anderes hätte der T3 nicht verdient, bisher hat er uns die Treue gehalten, eine Geländegängigkeit bewiesen, die nicht im Leben zu erwarten war und ein komfortables Heim geboten. Am Motorbrand trägt er die geringste Schuld, ein Kabel ist der schlechten Wegstrecke zum Opfer gefallen, Kurzschluss zum Anlasser – ich hätte es zusätzlich isolieren müssen.

Am Morgen steht der Plan: Erst einmal nach Nairobi schleppen, um dort eine Bestandsaufnahme zu machen – im Prinzip quer durch Deutschland, mit dem Unterschied, dass die ersten 350 Kilometer übelste Buckelpiste sind, mehr als 30 Kilometer pro Stunde sind nicht drin. Bei den vielen Flussdurchfahrten reißt das Seil immer wieder, wird mit jedem Knoten kürzer. Zu unserem Glück ist es zumindest trocken, zu dieser Jahreszeit könnten die Flüsse auch noch viel Wasser führen. Allerdings hat die Trockenheit auch einen riesen Nachteil: Staub. Ohne Bremskraftunterstützung an einem kurzen Seil hinter einem Auto zu hängen ist schon auf asphaltierten Straßen heikel, auf Buckelpisten, bei heißen Temperaturen ohne Gebläse, entsprechend mit offenen Fenstern und gefühlt mehr Staub im Bus als außerhalb der reinste Blindflug. Fast unmöglich, über Stunden die Konzentration hochzuhalten, um dem ziehenden Toyota nicht aus Versehen aufs Heck zu donnern. Entsprechend angespannt ist die Stimmung im Bulli, kein Wort zwischen Kay und mir. Es ist nicht so, dass wir sauer aufeinander wären, wir hängen beide nur in unseren Gedanken fest. Überlegen jeder für sich, wie mit der jetzigen Situation umzugehen ist. Macht die Reise überhaupt noch Sinn?

Am Seil – unsere Fortbewegungsart für die nächsten 750 Kilometer

Kaum zu schaffende Steigungen tauchen auf, der Land Cruiser pfeift aus dem letzten Loch, wir halten im Bulli die Luft an. Gefühlt auf der letzten Rille erreicht unser kleiner Tross den höchsten Punkt, tiefes Ausatmen. Den Berg, dank der kleinsten Getriebeuntersetzung des Toyotas, gemeistert. Das Problem: Sollte es noch steiler werden, müssten Bus und Toyota komplett entladen werden, um das Gewicht zu reduzieren. Hoffentlich bleibt uns zumindest dieser Kraftakt erspart.

Es wird gefahren, geschleppt und geknotet – keine Pausen, keine Zeit verlieren. Abwechslung bieten nur die Nachtlager. Beim Abendbrot im Nirgendwo, einer kargen, buschigen Landschaft, plötzlich merkwürdige Geräusche: Ein tiefes Rumoren, dazu ein hölzernes Läuten. Klong, klong, … Klong, klong … Die Auflösung stapft aus der Dunkelheit auf uns zu: Eine Herde Kamele, auf dem Weg von der Weide ins Dorf, zieht durch unsere Wagenburg. Die Blicke gehen Richtung Kameltreiber und zurück. So einfach kann das Leben sein. Sicher auch mit vielen Sorgen – aber unsere komischen, selbstgemachten Probleme gerade!

Das Schleppen ist eine harte Geduldsprobe, Bierchen am Abend hilft

Nach zwei Tagen taucht zwar immer noch kein Asphalt, aber immerhin ein Handymast auf – endlich wieder zuhause melden. Und dort hat man wirklich Angst um uns gehabt, sorgenvolle SMS trudeln ein, alle müssen beim Lesen zwei, dreimal tief schlucken. Fußballmannschaft, Familie, Arbeitgeber – sie alle haben sich zusammentelefoniert, um unseren Verbleib zu klären. Es muss eine Strategie für solche Fälle der Hilflosigkeit her. Die Ortschaft selbst ist auf Sand gebaut, bietet aber ein kleines Restaurant. Mit Essen und Bier die Seele trösten.

Eine Wohltat auch der erste Asphalt, mit dem Tempo steigt auch unser Laune, es wird wieder gescherzt, mehr geredet, Pläne fürs ankommen in Nairobi geschmiedet – mal gucken, wird schon irgendwie weiter gehen! Dummerweise steigt auch das Verkehrsaufkommen, mit nur noch fünf Metern Abstand, bis zu 100 Kilometer schnell, lassen sich Schlaglöcher auf der linken Seite spät und rechts nur viel zu spät erkennen. Das Überholen ist auch ohne Seil ein Drama, schließlich fährt man in Kenia auf der linken Seite. An der Leine hängend – russisches Roulette! Statt Kugeln fliegt uns der Gegenverkehr um die Ohren. Claus kennt kein Erbarmen, der Toyota zieht

uns mit Volldampf selbst durchs dickste Verkehrschaos. Blöderweise bleibt dabei kaum Zeit, einen Blick aus dem Seitenfenster zu werfen. Selbst Kay ist voll gefordert, auf der rechten Seite sitzend sieht er viel besser, wie wahnsinnig Claus mit uns im Schlepp überholt und ob überhaupt eine Chance besteht, an den Autos unbeschadet vorbeizurauschen. Zumindest ist unsere Äquatorüberquerung etwas ganz besonderes. Welcher Deutsche wurde, bitte schön, schon in einem Bulli über den nullten Breitengrad gezogen?

Lustig sind die Stopps. In einer Loge am Mount Kenia fallen dem Ranger fast die Augen aus dem Kopf, als wir mit unserer kleinen Polonaise an seinem Wachhäuschen vorbei auf den Parkplatz rollen. Leider liegt der Gipfel in den Wolken, dafür ist das Camp traumhaft. Ein nobler Platz, mit Swimmingpool, gutem Essen und kühlem Bier. Wir sitzen an Tischen, mit weißen Decken und Stoffservietten. So luxuriös war es das letzte Mal in Deutschland, lange vor dem Start. Verstaubt und abgekämpft fallen wir zwischen den anderen anwesenden Safarigästen etwas aus dem Rahmen, die prostend den Aperitif klingen lassen – chin-chin!

Trotz Staub, Linksverkehr und Abschleppseil – heile Ankunft in Nairobi

Die Landschaft verändert sich, große Farmen mit Getreide und Rindern nehmen zu, es gibt Massen an Gewächshäusern voller Rosen. Reiches Kenia.

Nairobi kommt näher, unser Ziel in der kenianischen Hauptstadt: die Jungle Junction. Das großzügige Gelände ist eine Mischung aus Gästehaus und Campingplatz mit einer kleinen, auf BMW spezialisierten Motorradwerkstatt in einer Doppelgarage. Von einem Bayer betrieben, soll sie uns Platz zum Schrauben bieten – und den brauchen wir dringend.

Bei aller Größe ist Afrika ein Dorf, unsere Probleme haben sich schon bis in die kenianische Hauptstadt rumgesprochen. Die Begrüßung ist entsprechend herzlich, ein Wiedersehen mit Natalie und Donald, und endet in einer Verabschiedung. Marias letzter Urlaubstag ist mittlerweile vor zehn Tagen verstrichen. Sie hat Glück, ihr Arbeitgeber hat Verständnis und streicht sie zumindest nicht auch noch vom Gehaltszettel. Ab in den Flieger mit ihr, zurück nach Hamburg.

Sieht schlimm aus, und ist es auch – die Schläuche und Riemen sind alle hin

Wir bleiben zurück – Jungle Junction, unser neues Zuhause in Nairobi. Das cirka 3000 Quadratmeter große Gelände bietet rund 20 Fahrzeugen Platz. Ein Haus mit Bädern, Wohnzimmer und Küche darf auch von uns Campern genutzt werden. Wer will, kann sich ein Zimmer buchen. Natodraht und Glasscherben bewehrte Mauern sichern das Grundstück, zusätzlich gibt es zwei Hunde, der Platz wird Tag und Nacht bewacht – nicht ohne Grund, schließlich trägt die kenianische Hauptstadt den Spitznamen »Nairobbery«. Um mich machen die Einheimischen zumindest einen Bogen. Ein langer, zotteliger Bart, ölverschmiert, barfuß und mit kurzen Hosen und Totenkopf-Shirt bekleidet, sehe ich auch wirklich müllig aus.

Für uns ist die Festung der perfekte Aufenthaltsort. Chris, der Betreiber, ist selbst Mechaniker, stört sich weder an seinen mit Dreck verschmierten Gästen, noch an Ölflecken auf den Parkplätzen. Zeit, um das erste Mal nach dem Feuer einen Blick auf den Motor zu werfen. Deckel auf – und lange Gesichter: Es ist wirklich alles verbrannt, was irgendwie brennbar ist: Wasserbehälter, Batterie, Stromkabel, Schläuche und noch einiges mehr sind zu Plastik-Klumpen

Testlauf: Diesel aus dem Messbecher, der Kabelbaum besteht aus vier Kabeln

verschmolzen, bedeckt mit einer zentimeterstarken Schlammschicht. Scheiße. Okay, aufgeben gilt nicht, unser Plan – irgendwie den Motor für einen kurzen Teststart zum Laufen bringen.

Dafür brauchen wir eine gründliche Motorwäsche, einen Zahnriemen und ein paar Kleinteile. Gott sei Dank sind in Nairobi zumindest einige Verschleißteile für den Bulli zu bekommen. Aber schon mit dem Auflegen des neuen Riemens tauchen die ersten Probleme auf – woher das erforderliche Werkzeug nehmen? Ein Fehler beim Zahnriemen verzeiht der Motor nicht, ein Totalschaden droht. Der Super-Gau nach dem Gau sozusagen. Afrikanisch wird repariert. Ein Maulschlüssel dient als Einstelllineal, landet in der Kerbe an der Nockenwelle, und der Wagenheberknebel wird solange mit Schleifpapier bearbeitet, bis er als Arretierungsdorn in die Einspritzpumpe passt. Als Kraftstofftank dient ein Messbecher. Fliegende Leitungen zum Anlasser, zum Dieselabschaltventil und an die Glühkerzen müssen reichen. Kühlwasser? Für einen kurzen Probelauf nicht erforderlich. Die Batterie steht draußen hinter dem Auto – gestartet wird durch Kurzschließen, direkt am Anlasser. Funken spritzen und

tatsächlich, widerwillig erwacht unser Bulli-Motor. Signalisiert mit schwarzen Dieselwolken – ja, ich will weitermachen! Hurra, jetzt wissen wir, dass unter der dicken Rußschicht noch ein Funke Leben steckt. Feiern in der Jungle Junction – Party zur Wiedergeburt unseres mechanischen Kameraden, schenkt ein, liebe Mitreisenden, geht alles auf uns.

Erstes Lebenszeichen: Der Motorstart klappt

Die nächste Hürde ist, die nötigen Ersatzteile aufzutreiben – der alte Bus ist in Kenia ein Exot. Durch Zufall landen wir im Laden eines Inders, er hatte mal eine freie VW-Werkstatt, verspricht zu helfen. Erste Teile tauchen auf: Öleinfüllstutzen, Wasserbehälter, einer der vielen fehlenden Wasserschläuche, Öldruckgeber und ein paar Kleinteile. Die Lichtmaschine landet beim Instandsetzer. Kay läuft als Teilejäger zu Höchstform auf, besorgt viele der nötigen Sachen. Verfolgt mit dem Taxi VW Bus-Fahrer quer durch die Stadt, um sie nach ihren Teilequellen auszufragen. Ohne großen Ärger klappt allerdings auch das nicht – ihm hat keiner gesagt, dass das Rauchen auf Nairobis Straßen verboten ist. Zwei Polizisten in Zivil klären ihn auf, so viel Hilfsbereitschaft gibt es natürlich nicht kostenlos –

Das war mal ein Kabelbaum

stattliche 400 Euro verlangen die korrupten Bullen. Schnell wird klar: Hier wird nicht mehr rumgealbert – in eine dunkle Ecke gedrückt, ausgeraubt vom Freund und Helfer, sind 80 Euro weg. Glück gehabt, er hatte noch viel mehr Geld in seinen Taschen, auch die Kamera lassen sie ihm. Kays Stolz hat zwar eine dicke Schramme, körperlich ist er aber unversehrt – und das ist am Wichtigsten!

Übel sieht es bei der verbrannten Motorelektrik aus – weil ein Ersatz-Kabelbaum nicht zu bekommen ist, wird Kabel für Kabel nachgebaut, das heißt eine verkohlte Strippe aus dem Salat fummeln, durch ein neues Kabel ersetzen und in genau der richtigen Länge mit einem Kabelschuh bestücken. Ein Geduldsspiel. Umso größer unsere Freude, als unerwartet Hilfe aus Deutschland angeboten wird – Volkswagen hat vom Brand im fernen Afrika gehört, bietet Unterstützung an. Eine Palette mit fehlenden Bulli-Ersatzteilen wird aus Hochregallagern zusammengetragen. Kurze Zeit später landen Schläuche, Kabel, Gaszug und vieles mehr bei CMC in Nairobi. Der kenianische Importeur muss für uns die Ersatzteile einführen, anders wird es mit dem Zoll zu kompliziert. Wir haben zwar schon sehr viel selbst in Ordnung gebracht – ich bin mittlerweile König im Improvisieren, repariere eine Druckdose mithilfe einer Regenjacke -, aber spezielle Ventile und die Anschlussschläuche zum Turbolader sind ein echtes Problem. Wie zwei kleine Kinder unter dem Weihnachtsbaum reißen wir die vielen Pakete auf, verbauen Ersatzteile. Super, so macht Schrauben gleich noch einmal so viel Spaß. Obwohl Kay gar nicht mehr zum Lachen ist. Er bekommt hohes Fieber, Gliederschmerzen und redet noch mehr Blödsinn als an anderen Tagen. Im Bus liegend wimmert er sich durch die Nacht. Bei den Moskito-Attacken in Äthiopien hat er seine Prophylaxe

Geduldsspiel – aus einzelnen Kabeln baue ich die Elektrik nach, orientiere mich am verbrannten Original

Finde den Fehler: Der Wasserbehälter ist völlig verschmolzen

offensichtlich etwas zu lax gehandhabt. Malaria ist die Folge und eine Rosskur mit Malerone die Lösung, hoffentlich. An drei Tagen jeweils vier Tabletten, immer zur selben Uhrzeit eingenommen. Und man mag es kaum glauben, es hat funktioniert, nach vier Tagen hat er es überstanden. Die Temperatur geht runter, die Schmerzen verschwinden. Dr. Bob, äh, Bernd entlässt Kay als geheilt. Super, wird auch Zeit, ich brauche ihn für die Probefahrt – lächelnd geht es auf die Straße. Endlich ohne Seil – der Motor blubbert munter, behält Öl und Kühlwasser bei sich. Alle Instrumente funktionieren, selbst Drehzahlmesser und Tankanzeige gehen, und die waren schon seit mindestens 6000 Kilometer hinüber, lange vor dem Fahrzeugbrand. Über drei Wochen leben wir jetzt in der Jungle Junction zur Freude von Chris, dem Eigentümer. Der Durchschnittsbesuch bleibt zwei, drei Tage, maximal eine Woche. Als gute Gäste zahlen wir nicht nur den Stellplatz. Es gibt einen Kühlschrank mit Wasser, Cola und Bier. Und wir schaffen es locker, den Übernachtungspreis über unseren Getränkekonsum zu verdoppeln. Der Stellplatz ist aber auch extrem billig!

Hendrik und seine Enfield: Trotz Schleichfahrt und Verletzung hat er uns in Nairobi eingeholt

Ein uns bekannter Gast ist aufgetaucht, blöderweise zeigt er, dass wir wirklich extrem langsam unterwegs sind. Hendrik, ein schräger Vogel, den wir in Hamburg bei unserer Verabschiedung am Millerntor das letzte Mal gesprochen hatten, ist rund einen Monat nach uns mit seiner Enfield Richtung Afrika gestartet. Das Motorrad, Baujahr 1981, ist mit gerade einmal 15 PS und Tempo 100 eine lahme Krücke und alles andere als optimal für die Fahrt durch Afrika. Erst ist der Gepäckträger an seinem Krad gebrochen, dann musste sein Fahrzeugrahmen geschweißt werden und schließlich brach sich Hendrik im Sudan sogar ein Bein, nach einem Sturz im tiefen Sand. Trotz der vielen Probleme und des krankheitsbedingten Pausierens in Khartum hat er uns in Nairobi eingeholt. Wir freuen uns ja wirklich riesig, ihn zu sehen, aber – Zeit zu gehen!

Kurze Fahrt, schon wieder eine Panne

KENIA-TANSANIA

Nairobi–Mombassa–Dar es Salaam

13 839 km

Nach über drei Wochen Stillstand auf zum Indischen Ozean, endlich wieder ans Meer. Eigentlich war die Route über Uganda geplant. Ein Bekannter von mir hat dort eine Lodge am Nil und ein paar Ersatzreifen für sein Motorrad bei Chris in der Jungle Junction bestellt, die wir eigentlich vorbeibringen wollten. Blöderweise wird die Zeit immer knapper. Dazu kommt, dass die Route durch Uganda rumplig sein und damit ganz schön aufs Material gehen soll. Blöderweise wissen wir nicht, wie weit wir der zusammengeflickten Technik des Bullis trauen können. Zum Glück fährt ein Pärchen aus Deutschland, dass wir zufällig kennengelernt haben, in die ungefähre Richtung und verspricht, den Botenjob zu übernehmen. Hilfsbereites Afrika!

Die Entscheidung, Uganda von der Reiseroute zu streichen, fällt schwer, wir hätten uns gern länger in dem Land umgesehen. Die Natur, die Pflanzen- und Tierwelt muss in dem mittelafrikanischen Land überragend sein. Auch die Fahrt an den Victoriasee oder das Campen am Nil in der Lodge »The Haven« entgeht uns. Blöd, ein himmlisches Verwöhnprogramm könnten unsere geschundenen Seelen gut gebrauchen. Ganz besonders ärgerlich: Der Abstecher zu den Berggorillas fällt aus. Mist, die Kameraden hätte ich wirklich gern einmal live gesehen. Okay, die Vernunft siegt, ist auf später verschoben, schließlich braucht es noch Ziele für weitere Reisen. Und trotzdem – mit dem leichten Gefühl einer Niederlage und etwas Enttäuschung geht es Richtung Osten und nicht, wie geplant, in den glorreichen Westen.

Rund 450 Kilometer liegt die Küstenstadt Mombasa von Nairobi entfernt, eingeplant ist ein Tag für die Etappe, am Ende brauchen wir zwei – am Seil. Es ist kaum zu ertragen, die nächste Panne. Der Turbolader ist nach 140 Kilometern geplatzt, Öl landet in den Brennräumen und als eine große Wolke weißen Qualmes hinter dem Auto. Erster Gedanke beim Anblick des Rauches: Scheiße, wir brennen schon

Ölverlust, der Turbolader ist hin

wieder. Entsprechend die Reaktion: Feuerlöscher geschnappt, ans Fahrzeugheck gehechtet, Motordeckel runter, großes Ausatmen, zumindest für den ersten Moment. Ein erneutes Feuer wäre der Gau gewesen, so ist es nur ein verdammt großes Unglück. Mist, wir wollen doch nach Kapstadt. Wer oder was hat etwas gegen unsere Reise nach Südafrika? Die Stimmung im Bulli ist auf einem Tiefpunkt. So kurz nach der heftigen Reparatur in Nairobi fehlt die Kraft, allein die Vorstellung, erneut Wochenlang am Bus zu schrauben – ich kann nicht mehr. Bei mir kommt zum zweiten Mal der Gedanke, aufzugeben, den Bus in Mombasa in einen Container zu schieben und nach Hause zu fliegen.

Unsere letzte Hoffnung: Kurz vor der Abfahrt in Nairobi hat sich Adrian per E-Mail gemeldet, er hat von uns und der abenteuerlichen Reise in der Zeitung gelesen. Eine wirkliche Überraschung, schließlich ist unsere letzte Begegnung 20 Jahre her, ich war mit Adrian bei der Bundeswehr. Und habe mich all die Jahre gefragt, wofür diese schwachsinnige Wehrpflicht eigentlich gut war – jetzt weiß ich es: Freundschaften fürs Leben. Und die Einladung nach

Mombasa ist wirklich skurril, wir tauschen unseren kaputten, nach Feuer stinkenden, engen Bus gegen eine traumhafte Wohnung mit riesigem Gästezimmer, Balkon und Blick auf den indischen Ozean. Zum Plantschen geht es in einen großen Pool im parkähnlichen Garten – so fühlt sich Urlaub an. Und das Beste: Jeder scheint uns in Mombasa zu kennen, auf der Straße werden wir angesprochen: »Wie geht es euch, läuft der Bulli wieder?« Klasse, fast als ob wir schon ewig in der Küstenstadt leben würden.

Während der Fahrt platzt ein angebrannter Ölschlauch: der Grund für den Verlust des Schmiermittels

Gab es eben noch den Gedanken, nach diesem erneuten Rückschlag aufzugeben, kommen dank des vielen Zuspruches die Lebensgeister zurück. Und Adrian hat auch für unser Bus-Dilemma einen Lösungsvorschlag: Ein Nachbar bietet Safaris an, hat für seinen großen Fuhrpark eine eigene Werkstatt, in der wir schrauben dürfen.

Unser Turbolader macht allerdings nicht so nette Bekanntschaften – der Turbospezialist in Mombasa hat sich bei der Namensgebung vertan, müsste eigentlich Turbo-Pfuscher heißen. Dreimal bauen wir den Lader aus, geben ihn bei den sogenannten

Auch das ist Afrika – Adrian nimmt uns für zehn Tage auf Spezialisten ab und jedes Mal behaupten die geschäftigen Afrikaner, ihn auf ein Neues repariert zu haben. Vergebens, er pfeift und tropft bei den Probefahrten wie ein alter Teekessel. Und das Unverschämteste: 440 Euro verlangen sie bei ihrem letzten Versuch für den Murks. Ohne uns – kein reparierter Turbo, kein Geld. Genauso ärgerlich: Jede dieser stümperhaften Reparaturen kostet uns mindestens einen Tag. Zeit, die wir schon lange nicht mehr haben. Wir ziehen die Notbremse, schrauben das Turbogehäuse selber auf, um das Innenleben zu entfernen. Grund: Bleiben die Flügelräder im Lader, könnten sie abreißen und einen Totalschaden im Motor anrichten. Beim Öffnen kommt das ganze Drama ans Tageslicht. Die Pfusch-Profis haben überhaupt nichts erneuert, es wurden einfach nur die Flügel runtergefeilt, damit sie nicht mehr innen im Gehäuse schleifen. Selbst die eingelaufene Welle und die Dichtung sind drin geblieben. Ehrlich, das ist vorsätzlicher Beschiss. Zusätzlich wurde durch den Murks die Möglichkeit eines kapitalen Motorschadens in Kauf genommen. Es bleibt weder Zeit noch Lust, mit der Werkstatt zu streiten, wir wollen weiter.

Der Weg ist noch lang, mindestens 5000 Kilometer bis nach Kapstadt – ein neuer Plan muss her. Statt der Welle landet ein Bolzen im Turbolader-Gehäuse, verschließt Abgas- zur Ansaugseite, eine zweite Schraube die Ölleitung. Damit fehlen uns zwar noch einmal rund 20 PS, aber besser mit schlappen 50 Pferden weiterschleichen, als gar nicht fahren. Zwischen den ganzen Reparatur-Dramen bleibt zumindest genug Zeit, die Gastfreundschaft hinter hohen Mauern zu genießen. Glaubt man der Waage hier, haben wir auf der Reise bisher jeweils um die zehn, zwölf Kilo abgenommen. Wohlgemerkt gewogen, nach dem wir uns schon drei Wochen lang in Nairobi gemästet haben. Nur noch Haut und Knochen – Mombasa ist unser ganz privater Kuraufenthalt: Es wird bei Bruno, einem Schweizer, mit weiteren Gästen gekocht. Bei Emilia und Dennis, einem argentinisch-deutschen Pärchen, auf dem Balkon gefeiert und bei Adrian entspannt. In dieser Enklave, strombewehrt und mit Pfeil und Bogen bewacht – kein Scherz, die Wächter sind als kriegerisches Volk gefürchtet – lebt eine eingeschworene Gemeinschaft: Expats. Diese besondere Spezies hochqualifizierter Arbeitnehmer wird von ihren Firmen in ferne Länder entsandt, bleibt meist für zwei, drei Jahre, um ihren Job zu erledigen.

Erst Schlamm und Dreck, jetzt Pool und Bier – wir können unser Glück kaum fassen

Tusks – so heißen die Stoßzähne – sind Mombasas Wahrzeichen

Für Kay bleibt Zeit, eine Runde Golf zu spielen, während ich in der Mucki-Bude meinen Körper stähle – jeder bekommt, seinem sozialen Status entsprechend, ein persönliches Unterhaltungs- und Aufbauprogramm.

Ach, unsere netten Gastgeber in Mombasa – wir wurden toll versorgt, haben endlich wieder etwas Speck auf den Rippen, sind trotz des ganzen Ärgers tiefenentspannt. Es kostet Überwindung sich loszureißen, weiter Richtung Dar es Salaam zu fahren. Die letzte gute Tat Adrians: Er hat uns ein Schlafplatz in Tansanias Hauptstadt besorgt. Wieder bei einem Expat, mit Pool und großem Garten. Gut für uns, wir brauchen auch am nächsten Standort Platz zum Schrauben. Schnell noch ein Foto mit dem Bulli unter den übergroßen Stoßzähnen, dem Wahrzeichen der kenianischen Küstenstadt, gemacht. Die Tusks, so werden die insgesamt vier Zähne genannt, sind aus Aluminium, überspannen eine Straße wie zwei Torbögen und liegen zufällig auf unserem Weg nach Tansania. Erst auf die Likoni-Fähre, dann auf die Straße zurück, immer schön langsam – ohne die Pressluft des Turboladers fehlt Leistung zum erreichen der Höchstgeschwindigkeit.

Raus aus der Stadt – Hochbetrieb auf der Likoni-Fähre

An der Grenze wird es schräg. Den Bus auf einen staubigen Parkplatz abgestellt, regeln wir unsere Formalitäten, lassen die Zollpapiere fürs Auto und die Reisepässe stempeln. Wir zahlen gerade die Visagebühr an einem Schalter, als ein Auto aus der an der Grenze wartenden Schlange laut aufheult. Der Wagen rast in unsere Richtung, schießt 30 Meter entfernt durch ein Absperrgitter und zerquetscht dabei einen Schreibtisch, bis das Auto mit lautem Knall endgültig an einer Hauswand zum Stehen kommt. Ein Beamter rettet sich per Hechtsprung geistesgegenwärtig zur Seite. Kurz vorher standen wir noch vor ihm am Tisch. Geschrei, Grenzer rennen mit Kalaschnikows im Anschlag Richtung des Geschehens. Wir gehen in Deckung – erster Gedanke: Attentat! Nein, anscheinend nicht, der Fahrer soll einfach die Kontrolle über sein Fahrzeug verloren haben. Zum Glück ist keinem etwas ernsthaftes passiert. In dieser ganzen Aufregung will man uns nur schnell loswerden, jetzt geht es zumindest zügig durch den Zoll.

Richtung Dar es Salaam – Palmen verraten die Nähe zum Indischen Ozean

Die ersten knapp 100 Kilometer in Tansania lassen nicht viel an Tempo zu, Dirtroad – miese Straße. Für die schöne, gut 500 Kilometer lange Strecke in die tansanische Hauptstadt brauchen wir zwei volle Tage. Dar es Salaam, nicht nur der Name klingt arabisch, auch die Einwohner erinnern im Kleidungsstil mehr an die orientalische als an die afrikanische Lebensgewohnheit. Von hier startet die Fähre Richtung Sansibar. Die Insel, anders als oft behauptet, wurde nicht von Deutschland gegen Helgoland getauscht und gehörte auch nie zu uns, bietet als Sightseeing-Besonderheit sogar einen Sultanspalast. Zusätzlich gab und gibt es an dieser Küste einen regen Handel mit dem Nahen Osten. Abhängig von der Jahreszeit wechselt die Richtung der Passatwinde, so lässt sich selbst mit einfachen Segelbooten, den Daus, zwischen der afrikanischen Küste und der arabischen Halbinsel kreisen.

Wir wollen uns zum zweiten Mal mit Jo treffen, er möchte uns den Rest der Reise begleiten, die letzten Abenteuer filmen. Lustig, ob Sumpf oder Motorbrand – bei den wildesten Geschichte war er bisher nie mit seiner Kamera dabei. Hoffentlich bleibt das so!

Wir haben zumindest genug an Abenteuern erlebt, die Nase voll. Zum Glück konnte er seinen Durban-Flug umbuchen, in der südafrikanischen Stadt wollten wir uns eigentlich treffen, die noch in Deutschland geplante Reiseroute ging dort vorbei. Aufgrund der vielen Probleme und des damit verbundenen Zeitverlustes ist der Umweg mittlerweile gestrichen. Er kommt jetzt nach Dar es Salaam, hoffentlich im Gepäck: ein gebrauchter Turbolader, in meiner Dithmarscher Heimat besorgt. Die Freude über das Wiedersehen, oder besser gesagt über das kurzfristig organisierte Ersatzteil, ist entsprechend groß. Der Einbau dauert bis zum Dunkelwerden, am nächsten Tag geht es weiter – die Zeit drängt.

Raus aus der Küstenstadt, vorbei an einem lichterloh brennenden Mini-Bus am Straßenrand, hoffentlich kein schlechtes Zeichen. Der Funke springt zumindest dieses mal nicht auf den Bulli über. Zum wiederholten Male beweist der Syncro Nehmerqualitäten, schnurrt mit einer Spitzengeschwindigkeit von Tempo 100 dem Kap der guten Hoffnung entgegen. So schnell sind wir seit Ewigkeiten nicht gewesen. Bitte Bus, du musst jetzt durchhalten!

Gegessen wird, was die Straßenhändler hergeben – hauptsächlich vegetarisch

Händler – bei jedem Stopp kommen sie gelaufen

TANSANIA–MALAWI

Dar es Salaam–Lilongwe

15 560 km

Zwar hat Tansania viel zu bieten – mit dem Kilimandscharo den höchsten Berg Afrikas, Täler voller Baobab-Bäume, wilde Bananenfelder, üppiger Dschungel und tolle Nationalparks –, gestoppt wird aber nur für große Tiere oder kleine Pinkelpausen. Zum Glück verpassen wir nichts, Kay und ich waren beide schon auf längeren Touren in Tansania unterwegs, haben uns von Serengeti, Ngorongoro-Krater über den Kilimandscharo alles angesehen. Und zu Jos Beruhigung – Tiere werden auf unserer Route sozusagen frei Haus geliefert, die Strecke geht direkt durch den Mikumi National Park. Unterwegs kreuzen dann auch tatsächlich zig Giraffen und große Herden von Wasserbüffeln die breite, asphaltierte Straße, grunzen Warzenschweine im Gebüsch gleich am Wegesrand, stehen Elefanten und Zebras direkt neben der Strecke – wildes Afrika, und das von unserem Asphaltband aus zu sehen. So mag man es, wenn die Zeit knapp wird. Auf eine andere Tierbegegnung hätten wir allerdings gern verzichtet. Beim Fahren nach Dodoma spielt sich das übliche Bild ab, sobald es zu vorhersagbaren Stauereignissen kommt. Kaum stoppt die Kolone den schleichend langsamen Verkehrsfluss vollends ab, drängen fliegende Händler an die Fahrzeugfenster, wollen Kekse, Bananen oder Wasser verkaufen. Zumindest sieht das Angebot der meisten Krämer so aus – ein Typ lässt uns freudestrahlend in seinen Pappkarton blicken, zwei große Kulleraugen starren zurück. Ein Baby-Pavian, wahrscheinlich zwei, drei Monate alt, wird von ihm zum Kauf angeboten.

Die Straße führt mitten durch einen Nationalpark, inklusive Giraffen

Das viel zu früh von der Mutter getrennte Tier, unglaublich niedlich, macht einen jämmerlichen Eindruck. Keine Chance aufs überleben. Mal wieder einer dieser Momente, an denen man sprachlos ist und sich nicht zu verhalten weiß.

Der Pavian wird uns an der Straße angeboten, hat kaum eine Chance zu überleben – dann lieber einen Gecko zu Gast

Bevor es endgültig von Tansania nach Malawi geht, ein erster Abstecher an den Lake Malawi. An der nördlichen Spitze kommt man auch von Tansania aus ans Ufer. Ganz streng genommen dürfte man dort zwar kein Fuß ins Wasser setzen, denn die Uferlinie ist die Grenze zwischen den beiden Ländern. Ob sie flexibel mit dem Wasserstand wandert, müsste man mal erfragen und wie bitte sollen Grenzverstöße kontrolliert werden? Wir haben den Tipp bekommen, dass ein Deutscher in der Nähe der Grenze eine traumhafte Lodge eröffnet haben soll, die Neugier siegt. Zumindest eine sehenswerte Strecke belohnt den Umweg. Auf einer meistens gepflegten Dirtroad, zwischendurch auch mal mit Autos verschlingenden, tiefen Schlaglöchern versehen, geht es über abenteuerliche Holzbrücken, an grünen Plantagen vorbei, durch viele geschäftige Ortschaften. In dieser Gegend wird mit einer Menge Second-Hand-Klamotten gehandelt: Trainingsjacken mit Lübecker-Sponsorenaufdruck, Bayern-München-Trikots und HSV-Hosen, hier kann sich der Fußballfan mit den Farben seines deutschen Heimatvereines einkleiden. Bis unsere Tour nach ein paar Stunden auf einem halbfertigen Gelände, direkt am See, endet. Traumhaft sind hier allenfalls die Hirngespinste des Eigentümers. Augenscheinlich Pleite, will er noch Großes errichten. Keine Ahnung, wie er den für die Finanzierung notwendigen Massentourismus an diesen entlegenden Ort bekommen möchte. Fairerweise – der Flecken Erde ist wirklich schön, nur von der tollen Lodge ist noch überhaupt nichts zu sehen. Für eine Nacht ist der Schlafplatz aber mehr als in Ordnung.

Malawi – kaum zu Glauben, umso tiefer wir in Afrika vordringen, umso entspannter scheinen die Grenzübertritte abzulaufen. Mittlerweile geübt, wissen wir worauf es ankommt. Schon kleine Vorbereitungen erleichtern den Sprung von einem Land ins nächste deutlich. Zum Beispiel sollte man möglichst vorab wissen, was für Zahlungen neben den Visakosten auf einen zukommen, ob beispielsweise

Lake Malawi – wunderschön, aber Vorsicht! Hier leben Nilpferd und Krokodil

eine Gebühr für die Straßenbenutzung oder Steuern auf den Diesel im Fahrzeugtank beziehungsweise in den Reservekanistern fällig werden. Teilweise ist es zwingend in der einheimischer Währung, an anderen Grenzen in Dollar zu zahlen, an einigen Schlagbäumen hat man die freie Wahl. Nach Möglichkeit die Beträge passend bereithalten, selbst in den Grenzstationen gibt es zum Teil kein Wechselgeld, beziehungsweise wird einfach von den Zöllnern behauptet, dass nicht genügend da wäre, folglich nicht passend herausgegeben werden könnte. Geldtauschen ist das nächste Thema. Es ist wichtig, den Wechselkurs zu kennen und möglichst die kompletten Reserven aus dem letzten Land zu tauschen. Später im Landesinneren erhält man so gut wie nie einen besseren Kurs. Natürlich nicht den ersten Typen, der mit einem dicken Bündel Geld wedelnd auf einen zugelaufen kommt, auswählen. Auch hier lohnt es zu vergleichen und zu handeln. Vorsicht, es gibt einige fingerfertige Gauner an den Grenzen. Die wichtigste Regel: Nicht in Hektik verfallen und auf die richtige Reihenfolge achten, das heißt erst den Kurs verhandeln, dann Umrechnen in die neue Währung und anschließend das Geld in Ruhe

Action-Kinder – erst ein Bild machen und dann auf dem Monitor der Kamera betrachten

zählen. Erst wenn die neuen Scheine sicher in der Tasche stecken, rücken wir unsere Knete raus. Auch das eigene Geld zählt man vor den Augen des Devisenhändlers, übergibt die Scheine erst, wenn ein Nicken des Gegenübers zeigt: alles okay. Hört sich alles übertrieben misstrauisch an, ist aber das Ergebnis aus diversen Grenz-Erfahrungen und damit Versuchen, uns um Bares zu erleichtern. Keine Angst, auch die Typen mit nicht ganz so ehrlichen Absichten bleiben meist freundlich. Selbst wenn man sie erwischt, lächeln sie es in der Regel einfach weg, zumindest kam es bei uns nie zu beunruhigenden Situationen – ist doch schon mal was.

Das 15. Land auf unserer Reise gehört zu den ärmsten Ländern der Welt, ein großer Teil der Bevölkerung hat nicht mehr als einen Dollar pro Tag zur Verfügung. Da überrascht das angebotene Fingerfood am Straßenrand nicht: Mäuse, am Spieß gegrillt. Kein Scherz, auf einem dünnen Holzstäbchen sind sechs bis zehn Mäuse aufgespießt. Die Nager sind ausgenommen, besitzen aber noch ihr grau-schwarzes Fell, werden mit Haut und Haaren gegessen. Nur die Knochen lässt man soweit möglich über, nagt sie ab, beziehungsweise spuckt sie wieder aus. Ehrlich, wir sind Freunde der exotischen Küche, aber allein der Geruch ist zu viel, dann doch lieber Kohldampf schieben. Unser Schlafplatz für zwei Nächte: Oh, Überraschung – Lake Malawi. Der See glänzt an dieser Stelle mit Sandstrand und perfekter Badewassertemperatur – man sollte nur vermeiden, zu dicht neben Krokodilen oder Nilpferden zu plantschen. Gerade die gemütlich aussehenden Pflanzenfresser sind höllisch gefährlich, glaubt man den Berichten, sterben mehr Menschen durch ihre Attacken als in den Mägen von Krokodilen enden. Und auch langsam sind sie nicht, an Land soll es der Paarhufer im Sprint auf Tempo 50 bringen, zum Glück ist es mit der Kondition nicht besonders weit her, nach zwei-, dreihundert Metern geht ihnen die Luft aus – wenn man Glück hat! Unser Camp ist gut besucht, bietet eine Bar mit Blick aufs Wasser, Billardtisch und leckeres Essen. Zum ersten Mal sehen wir eine größere Reise-Gruppe. Ihr Bus ist offroadtauglich, bietet eine Küche, geschlafen wird im Zelt. Es gibt auch die Variante mit Schlafkabinen im Bus oder in einem extra Anhänger. Für uns verbreitet die Schulklasse, spätestens beim Trockenwedeln des Geschirrs, zu viel Gruppendynamik. Mit einem Teller, jeweils in der linken und rechten Hand, sehen sie aus wie ein Haufen junger Tölpel bei ersten Flugversuchen. Wie passend, die Knirpse werden flügge.

Der nächste Stopp ist auf dem Nkhotakota Game Reserve. Das in Teilen umzäunte Gelände, rund 690 Quadratkilometer groß, ist weitestgehend naturbelassen, bietet reichlich Platz fürs Campen unter wilden Tieren. Der Vorteil: Der Schutz vor Wilderern hat Priorität, das nimmt den Jagd-Druck von den Tieren. Das Wild ist zwar auch hier noch scheu, aber Antilopen oder Nilpferde lassen einen deutlich dichter an sich heran, bevor sie beim Anblick des Bullis flüchten. Flucht ist bei uns unnötig, schließlich sind wir bis auf die Machete unbewaffnet, das sieht man doch.

Lilongwe, in der Malawischen Hauptstadt steht hoffentlich unsere letzte Reparatur auf dieser Reise an. Der Reifen hinten rechts wackelt wie ein Lämmerschwanz, das Radlager ist hinüber. Bevor es ans Schrauben geht, muss passendes Werkzeug für die riesige, mittig auf der Radnabe sitzende Mutter her, das entsprechende Teil ist an Bord

des Bullis nicht zu finden. Macht nichts, so lassen sich Einkaufsbummel und Sightseeing verbinden. Genau wie im kenianischen Nairobi trifft man in den Werkzeuggeschäften der malawischen Hauptstadt auf viele Inder, geschäftstüchtiges Volk. Es dauert, bis einer die passende Nuss im Angebot hat, 34 Dollar kostet das gute Stück, teuer, aber was soll man machen, wir brauchen sie. Bei der Fahrt durch die Stadt fällt auf: Anders als in anderen afrikanischen Orten ist Lilongwe nicht bis auf den letzten Quadratmeter zugebaut – große Grundstücke, breite Straßen, alles übersichtlich angelegt. Hier hat sich ein Städteplaner einen Kopf gemacht.

Auf einem Campingplatz zu reparieren – mittlerweile ein Klacks für uns. Ich bin ein richtiger Buschschrauber geworden, sehe dank Bart auch genau so aus. Und trotzdem – ein weiteres Problem tut sich auf, die hintere Radschraube wird mit einem Drehmoment von 600 Nm angezogen, ein Radbolzen benötigt zum Vergleich nur 120, um fest zu sitzen. Dazu kommt: Beim Lösen braucht es erfahrungsgemäß viel mehr Kraft, man spricht auch vom Losbrechmoment. Schließlich hatte die Mutter reichlich Zeit, festzugammeln. Zum zweiten Mal

Typisches Bild: Frauen mit schweren Wassereimern auf dem Kopf. Respekt!

Regalbau in Afrika, man achte auf die perfekt mit Tomaten gefüllten Eimer

keine Chance für unser Bordwerkzeug, ein Knebel zerbröselt, als ich mit langem Hebel versuche, ausreichend Power aufzubringen. Ab in eine Werkstatt, Hilfe erbetteln. Die erste will 50 Dollar für das kurze Anlösen, sprich für maximal fünf Minuten Arbeit – geht's noch? Erst die vierte erbarmt sich, hilft uns bei der Reparatur für ein Trinkgeld, damit wir später im Camp die Mutter komplett abschrauben können. Der Rest ist mit ein paar festen Hammerschlägen erledigt, die alten Lagerschalen rausgeprügelt und mit deren Hilfe die neuen versenkt. Ein Graus für jeden Werkstattmeister, aber wir sind im Busch und nicht auf einer gepflegten Hebebühne in einer Vertragswerkstatt. Muss gehen und funktioniert auch.

Diese kurze Zwangspause hat ein Gutes. Wir treffen unsere alten Reisekameraden Natalie und Donald wieder, auch Claas und Willi, unsere Nachbarn vom Lake Tana in Äthiopien stehen hier, kleines Afrika. Am Abend erzählen die Bayern von ihrem neuesten Geschäftsmodell zur Finanzierung der langen Tour: Motten fangen. Kein Witz – ein Reisender aus Dresden gab den Tipp. Dafür wird in der Nacht ein weißes Laken gespannt und mit einer Lampe angestrahlt. Die Nachtfalter landen auf dem Tuch, werden mithilfe eines Glases eingesammelt und mit Zyankali getötet. Verpackt in kleine, dreieckige Briefchen und per Post zu einem Mittelsmann nach München geschickt, verteilt der die Motten entsprechend weiter. Je nach Seltenheit der erlegten Beute bezahlt, gibt es im Schnitt einen Dollar pro Tier – für afrikanische Verhältnisse ein Bomben-Verdienst. Keine Ahnung, ob es legal ist, es ist für uns so oder so keine Option, unser Erspartes muss reichen.

Es gilt den weiteren Routenverlauf festzulegen, über Mosambik und Zimbabwe oder Sambia und Botswana. Schnell steht für Kay und mich fest: kürzeste Route, aber nicht durch Zimbabwe. In Mugabes Schurkenstaat lassen wir keinen müden Dollar, also auf Richtung Sambia. Das freudige Wiedersehen mit den Münchnern bekommt einen bitteren Beigeschmack: Claus, unser Begleiter seit dem Sudan, der unseren Bulli über 1000 Kilometer am Seil hinter sich hergezerrt hat, ist der geplante Sprint durch die nächsten Länder zu schnell. Er möchte mit den anderen gemütlich weiterfahren und die Reise in Ruhe genießen. Schade, aber verständlich, schließlich ist er an unseren Plänen, in Kapstadt Fußball zu sehen, so interessiert wie wir an Wasserballett.

Radlagerwechsel – hoffentlich die letzte Reparatur auf unserer Reise

MALAWI-SAMBIA

Lilongwe–Kasungula

16 981 km

Morgens geht es mit einem komischen Gefühl ohne Claus weiter. Den Toyota nicht mehr vor der Nase zu haben, es fehlt etwas – das dachte sich dann irgendwann auch Jo, voller bajuwarischen Trennungsschmerzes hat er seinen Reisepass im Land Cruiser liegen gelassen. Blöd, dass ihm das erst kurz vor der Sambia-Grenze einfällt. Zwei Mann mit dickem Hals, einer Erklärungen stotternd, machen wir uns auf den Rückweg. Das nächste Bier geht auf den Kameramann. Zum Glück erwischen wir die anderen noch im Camp in Lilongwe, das hätte auch deutlich übler ausgehen können. Jos vergessener Reisepass kostet uns drei Stunden, bei über 100 Tagen Fahrzeit eigentlich nicht der Rede wert, aber die kurze Verzögerung am Abend endet in einem Drama: Australien spielt gegen Deutschland und wir hängen im Nichts, mitten in Sambia. Entweder gibt es Strom oder einen Fernseher, die eigentlich übliche und deutlich

In Lilongwe trennen wir uns von Claus (Mitte), der Abschied fällt schwer

Fußballgucken in der Kneipe

geschicktere Kombination aus beidem lässt sich einfach nicht auftreiben. Und genau die drei Stunden vom Vormittag fehlen, um die nächste große Stadt, Lusaka, zu erreichen. Die Zeit vergeht: Anpfiff, eine halbe Stunde gespielt, die Uhr tickt und wir brettern durch die Nacht. Plötzlich ein Schrei: »Fernseher.« Kay ist aus seiner Starre erwacht: »Bernd, Stopp! Hier gibt es Fußi.«

Ein Rätsel, wie Kay die briefmarkengroße Glotze in seinem Dämmerzustand überhaupt hat sehen können. Es ist nicht einmal ein Dorf, ein paar einfache, aus Holz gezimmerte Hütten stehen in der Wildnis. Völlig aufgeregt lasse ich aus Versehen das Fernlicht an und leuchte die komplette Kneipe gründlich aus. Rund 30 Schwarze drängeln sich um die winzige Flimmerkiste. Mit unserem Auftritt wird das Spiel für die Afrikaner allerdings zur Nebensache, alle Blicke gehen in unsere Richtung – Stille. Erst ein Urschrei »Germany, Germany« lässt das Eis schmelzen. Plötzlich grölen alle um die Wette, gratulieren zum tollen Spiel und machen Fotos mit uns.

Eines wird schnell klar: Bei dieser Mischung aus kleinem Kiosk und Kneipe mit angeschlossenem Puff können wir nicht übernach-

Morgens auf der Straße, wir Richtung Kapstadt, die Leute auf dem Weg zur Arbeit

ten. Zum einen stören wir die Billardspieler, die in Ruhe um Geld zocken wollen, zum anderen gibt es relativ viele betrunkene, aggressive Typen. Wie schnell die Stimmung kippen kann erfahren wir urplötzlich: Eine geistig etwas zurückgebliebene Frau stört die Männer beim Spiel. Ohne Vorwarnung schlägt einer von ihnen der Frau mit der Faust ins Gesicht, die unter der Wucht des Schlages hart zu Boden geht. Statt es damit gut sein zu lassen, tritt er ihr mehrfach lachend und mit übertriebener Gewalt auf den Kopf, das alles dauert keine halbe Minute. Zwei Prostituierte ziehen die Frau zur Seite und kümmern sich um sie. Geschockt und hilflos verlassen wir den Ort – Afrika, du kannst so grausam sein!

Es ist spät und wir fahren durch die Nacht, um einen ruhigen Schlafplatz zu finden. Keine Lust mehr auf Menschen. Nach knapp einer halben Stunde findet sich ein ruhiger Ort, versteckt hinter Büschen. Die Überraschung nach dem morgendlichen Aufstehen: Wir haben auf einem Schulhof unter einem Basketballkorb geparkt. Die Schule besteht aus zwei einfachen, hellblau gestrichenen flachen Gebäuden mit vier, vielleicht fünf Klassenzimmern. Zum Glück

Zugefrorene Scheiben – hallo, wir sind in Afrika sind wir sehr früh aufgewacht, noch keine Schüler in der Schule. Schnell den Bulli an die Kante des Spielfeldes gestellt und in aller Ruhe frühstücken. Plötzlich kommt uns ein Gedanke: Es gibt doch noch den Plastikbeutel mit tausend Kugelschreibern im Fahrzeugheck. Die Stifte, eigentlich gedacht als kleine Präsente für bettelnde Kinder, haben wir am Ende dann doch nicht verschenkt. Unsere Zurückhaltung hatte einen guten Grund, wir wollten die zum Teil schlimme Bettelei nicht noch zusätzlich durch kleine Geschenke belohnen. Hier ist es etwas anderes. Also an die Tür geklopft und der verdutzten Lehrerin, die gerade am Fegen und Vorbereiten der Unterrichtsräume war, den Sack Kugelschreiber in die Hand gedrückt. Schließlich macht es einen Unterschied, wenn die Schreiber von der eigenen Lehrerin unter den Schülern verteilt werden statt von wildfremden Männern. Ein fragender Blick, und bevor die nette Dame überhaupt reagieren konnte, saßen wir schon wieder im Bus, zurück auf die Straße.

Nach der letzten eiskalten Nacht, die Bullischeiben sind selbst innen mit Eis bedeckt, geht es weiter. Uns beschäftigt die verprügel-

te Frau vom vergangenem Abend und die Frage, ob wir uns richtig verhalten haben, Wie geht man um mit Quälerei und hilflosen Menschen, auf einer Tour durch Afrika? Ist man als Reisender ein stiller Beobachter oder sollte man eingreifen? Wir haben keine endgültige Antwort, wollen uns aber auf keinen Fall selbst mehr als unbedingt nötig in Gefahr bringen.

Victoria-Falls Die beeindruckenden Wasserfälle sehen wir uns von Sambia aus an

Das nächste Ziel – trotz knappen Zeitkontos – sind die Victoria-Falls. Passend zum Sonnenuntergang erreichen wir das sehenswerte Weltnaturerbe, aber mit 20 Dollar pro Nase ist es leider auch ein echt teures Naturschauspiel. Egal, ist nur Geld und in der nächsten Zeit werden wir hier wohl nicht mehr zufällig vorbei kommen. Zumindest fließt offensichtlich ein Teil der Einnahmen in die Parkanlagen, alles macht einen gepflegten Eindruck. Mit 1078 Meter soll er der breiteste Wasserfall der Welt sein, wir haben nicht nachgemessen und wären auch beeindruckt, wenn er nur der zweitgrößte wäre. Der Sambesi ist voll, entsprechend beeindruckend rauschen die Wassermassen über die Klippen, es ist ohrenbetäubend laut. Die Sonnenstrahlen brechen sich in der Gischt, verwandeln sich in

Touristen-programm, endlich Urlaub

traumhafte Regenbögen. Wir bewegen uns durch eine Art Nebelwald, alles ist mit Moos oder Algen überzogen, extrem rutschig – und platsch, auf einer langen Stahlbrücke haut es mich hin. Mit der Kamera in der Hand hart auf den Rücken gedonnert. Pitschnass, die ganzen Klamotten, aber Körper und Technik kommen ohne größere Schrammen davon – Schwein gehabt.

Livingston, die Stadt an den Fällen, ist nach dem Entdecker des Naturschauspiels benannt. Die Nähe zu den Viktoriafällen hat die Stadt wohlhabend gemacht, entsprechend groß ist das Angebot für Touristen. Gepflegte Häuser, einladende Restaurants. Uns ist es hier zu teuer, wir brauchen keine noblen Hotels, haben Gaststätte und Absteige in Personalunion an Bord.

Anstatt uns in Livingston für viel Geld zu vergnügen, fahren wir weiter nach Kasungula, um noch in der Nacht über die Grenze nach Botswana zu kommen. Blöderweise vergaß der nach dem Weg gefragte Afrikaner zu erwähnen, dass die auf der Strecke liegende Fähre nur bis sechs Uhr abends übersetzt. Die Grenzstadt erreichen wir erst um sieben. Voller Lkw, erinnert der Ort in seiner ganzen nächtlichen Verkommenheit, an den Trucker-Parkplatz vor dem »Titty Twister« in Tarantinos Film »From Dusk till Dawn«. Kaum parken wir den Syncro am Zaun der Fährgesellschaft, kommen besorgte Passanten an den Bulli. Sie warnen uns, sagen, wir sollten besser nicht über Nacht hier stehen bleiben, möglichst schnell verschwinden: Blut wird wohl keines fließen, genau kann man natürlich auch das nicht sagen, aber unsere Wertsachen würden mit an Sicherheit grenzender Wahrscheinlichkeit einen empfindlichen Aderlass erfahren. Es hört sich nicht nach einem Scherz an, eher nach einem ernsthaft besorgten Ratschlag. Die ganze Atmosphäre ist in dieser Ortschaft gespenstisch, die vielen abgestellten Lkw wirken teils wie Gerippe aussehend, dunstiger Nebel steigt aus dem Fluss. Die Laternen werfen gedämpfte Lichtkegel gegen die finstere Nacht und überall schleichen dunkle Gestalten umher. Direkt hinter dem Parkplatz befinden sich verschachtelt stehende Bretterbuden. Restaurants, Kneipen, Bordelle buhlen schreiend um Kunden. Laute Musik wabert über die Szene. Eine Kulisse wie gemacht für einen Horrorstreifen.

Wenn man weiß, dass Sambia, wie viele andere Staaten in Afrika auch, unter einem extrem hohen Aids-Anteil in der Bevölkerung leidet, möchte man nicht mit den Verantwortlichen tauschen, die mit ihren Kampagnen gegen diese heimtückische Krankheit an Orten wie diesem ankämpfen müssen. Lkw- Fahrer gehören zu den besonders gefährdeten Risikogruppen in Afrika. Erst einmal mit dem gefährlichen Virus infiziert, verteilen die Helden der Landstraße die Krankheit im ganzen Land. Von den Gefahren uns mit der Immunschwäche anzustecken sind wir weit entfernt, von einem Überfall nicht – nichts riskieren, wir packen zusammen und kehren um, suchen uns ein paar Kilometer entfernt einen sicheren Schlafplatz.

Drei Dollar für die Nacht auf einem bewachten Hotelparkplatz, mit Plumpsklos gleich um die Ecke, was will man mehr? Ein leckeres Essen, Bier und Fußball im Fernsehen, auch damit kann der Laden dienen. Nach dem fröstelnden Stimmungstief an der Fähre sind wir wieder bester Laune. Frühmorgens geht es zurück in die Grenzstadt. Im morgendlichen Trubel hat sich das Bild der Ortschaft

Mit der Fähre geht es nach Botswana. Hier teilen sich vier Länder die Grenze

völlig verändert, geschäftiges Treiben hat die gespenstische Atmosphäre vertrieben, weit weg von dem Gefühl der nächtlichen Bedrohung. Zu früh gefreut, es kommt doch noch zum Aderlass: Road Tax, die Behörden bitten zur Kasse. Die Gebühr wurde an der letzten Grenze nicht kassiert, wir haben damit gerechnet und wurden nun tatsächlich von ihr eingeholt. Vorsicht, teuer – durch Sambia bitte nur mit vollem Portemonnaie. Der kurze Trip durch das afrikanische Land hat uns fast 300 Dollar gekostet. Lässt sich nicht ändern, gegen Blutsauger in Uniform hat man keine Chance.

Mehr Grenze findet man wohl kaum noch mal auf dieser Welt in so einem kleinen Ort vereint. Geradeaus, Richtung Westen liegen Botswana und ein bisschen darüber Namibia, unten Simbabwe und wir stehen noch in Sambia mit unserem Bulli, macht vier Länder, die sich genau hier in der Mitte des Sambesi treffen. Beeindruckend, wir wollen nur rüber nach Botswana, also rauf auf die Fähre. Wer schon mal von Kiel nach Göteborg mit der Stena Line gefahren ist und das dabei erlebte genau um 180 Grad dreht, hat nicht einmal eine ungefähre Vorstellung von den chaotischen Verhältnissen hier in Afrika, an diesem Grenzfluss. Unzählige Lkw stehen in einer langen Schlange, wollen auf dieses winzige Boots-Ding namens Fähre. Gefühlt passt immer nur einer, maximal zwei rauf. Einen festen Anleger sucht man vergebens. Über eine Sandpiste mit tiefen Kratern schleichen wir uns an den Lkw vorbei in die Poleposition. Noch eine Fähre abgewartet, die Lage gecheckt, geht es mit Schwung zum Angriff auf die nächste Mitfahrmöglichkeit. Handzeichen geben, wir sind drängelnd dran. Direkt vom Strand aus, über rumplige Rampen auf die wackelige Fähre. Geschafft. Beim Übersetzen sehen wir unzählige kleine Boote. Mit kräftigen Ruderschlägen versuchen Schmuggler, Benzinkanister an Bord, ihrer Armut davonzupaddeln.

Über einfache Holzrampen geht es von der Fähre runter, ein Bier zur Belohnung

SAMBIA-SÜDAFRIKA

Kasungula–Kapstadt

19 309 km

Eine Wohltat: Botswana. Man merkt vom ersten Augenblick in diesem Land, dass die Armut nicht ganz so groß ist, wie in den letzten beiden Ländern unserer Reise. Freundlich sind die Grenzbeamten, keine teuren Visa, nur eine Gebühr von 40 Dollar für die Straßenbenutzung wird kassiert. Gut angelegtes Geld, das Fahren macht auf perfekt ausgebauten Straßen Spaß. Mit nur zwei Millionen Einwohnern dünn besiedelt, begegnet uns anfangs kaum ein Auto, dafür stehen reichlich Elefanten und Giraffen neben der Straße. Viele Einheimische leben vom Tourismus, auch das reiche Südafrika lässt manchen Rand im Land, entsprechend wird hier die Natur geschützt. Ein anderer großer Wirtschaftszweig ist der Bergbau, die Suche nach Rohstoffen und der Handel mit Diamanten. Leider gilt dieser Überfluss in der Wirtschaft und der Tierwelt nicht für das Dieselangebot an den Zapfsäulen, unser Selbstzünder braucht frischen Saft und die Tankstellen an der Grenze sind alle leer. Aber endlich haben wir mal Glück, der Sprit aus unserem letzten Kanister reicht, um 150 Kilometer später eine volle Zapfsäule zu finden. Die Tankstelle nähert sich dem gewohnten europäischen Bild, könnte so fast in Hamburg stehen. Ganz anders als die unbefestigten, sandigen Plätze, an denen wir an vielen Orten vorher unseren Kraftstoff bekommen haben. Oft aus einfachen Fässern gepumpt, teilweise sogar in Eimern an den Bulli geschleppt. Einige Male hat man sich gefragt, was für ein Gebräu man dort gerade in den Tank hat kippen lassen. Der Bulli, kein Kostverächter, hat alles stoisch runtergewürgt, so manches Mal allerdings statt eines verklemmten Pupses eine dicke Rußwolke fahren lassen. Die einzigen Momente, die auf einen Anflug von Magenverstimmung haben schließen lassen.

Auf Elefanten trifft man bei der Fahrt durch Botswana häufiger

In Francistown bietet sich eine gute Gelegenheit, die Vorräte aufzufüllen und sich mal etwas besonderes zu gönnen – Hackfleisch. Was wir nicht ahnen, mit dem Fleisch kommt leben in den Bulli. In Botswana hat man Angst vor der Maul- und Klauenseuche. Schon an der Grenze mussten wir durch ein Desinfektionsbecken fahren. Und auch zwischendurch tauchen Schranken auf, der Bulli wird gestoppt und nach Fleischprodukten durchsucht – Kay lenkt die Kontrolleurin ab, sie geht nach hinten zur Schiebetür, in der Zeit habe ich das Hack aus der Kühlbox gerissen, in den Fußraum geschmissen. Ein suchender Blick von ihr durch den Innenraum, keine gefährlichen Tierprodukte zu finden, Daumen nach oben. Anschließend noch schnell durch eine desinfizierende, braune Brühe gerollt – nicht, das unser Bulli zum Seuchenträger wird. Tolles Spiel, noch zweimal gehen wir als Gewinner vom Feld. Unsere so hart verteidigte Spaghetti Bolognese schmecken am Abend nach einem echten Siegeressen. Auch das Kochen ist mittlerweile eingespielte Routine. Kay kocht, ich bin für das Drumherum verantwortlich, wir funktionieren mittlerweile fast wie ein altes Ehepaar. So kurz vor unserem

Abendessen im Sonnenuntergang. Das Hackfleisch haben wir hart verteidigt

Ziel hat sich auch unser Zuhause, der Bus, im Vergleich zum Start in Hamburg deutlich verändert. Vieles, erst so wichtig erscheinend, ist als unnütz erkannt rausgeflogen, anderes dazugekommen. Zum Beispiel fahren wir schon seit Nairobi ohne unseren auffälligen Heckträger mit der Camping-Gasflasche und der roten Kiste als Kofferraumverlängerung herum. Uns war das Geraffel beim Brand an der äthiopischen Grenze im Weg. Wir hatten Angst, bei einer Wiederholung des Dramas das Rennen gegen das nächste Feuer zu verlieren, also weg damit. Wegen des verlorenen Stauraumes liegen die Campingstühle und der Tisch jetzt vor der Rücksitzbank im Weg, dafür sind sie aber in Sekunden aufgestellt. Teller, Becher, Besteck liegen ruck-zuck bereit. Neu im Bus begrüßen wir zum Beispiel eine Petroleumlampe – das funzelige Licht scheint nicht so hell, perfekt, um unentdeckt in der Nähe von Straßen campieren zu können.

Viel Zeit für die wunderschöne Natur bleibt nicht. Einzigartig ist das Okavangodelta, das Feuchtgebiet liegt im Nordwesten des Landes. Neben den Big Five, also Elefant, Nashorn, Wasserbüffel, Löwe und Leopard, bietet es vor allem eine beeindruckende Vogelwelt.

Botswana – der längste Teil liegt hinter uns

Ein Traum für Kay, den Amateurornithologen. Ein Land der Gegensätze, so gehören andere große Teile Botswanas zur Kalahari, eine dornige, trockene Savannenlandschaft. Schnell wird uns klar: Hier müssen wir noch mal her, dann aber mit mehr Zeit im Gepäck, um uns alles noch einmal in Ruhe ansehen zu können. In Gaborone ist die südafrikanische Grenze erreicht – nur noch 1500 Kilometer bis Kapstadt. Der Zöllner nimmt unseren Wagen gründlich in Augenschein. Komisch, dass man, obwohl nichts zu verbergen, immer ein schlechtes Gewissen hat, sobald ein Beamter den Kopf in den fahrbaren Untersatz steckt. Der ganze Ablauf an der Grenze ist sehr gesittet, kein Chaos, keine schwer nachzuvollziehenden Aufforderungen, Geld zu zahlen. Beim Endspurt wird klar: Wir kommen auf den letzten Metern, mit Botswana und Südafrika, Europa näher, verlassen gefühlt Afrika, ohne vom Kontinent zu verschwinden. Straßen, Häuser, Einkaufszentren, die Autos auf der Straße – alles fast wie bei uns im Okzident. Die Wildnis wandelt sich zur Kulturlandschaft. Statt Antilopen und anderer wilder Tiere stehen Rinder und Schafe auf den Feldern. Bauern mit großen Landmaschinen sieht man

beim Einholen ihrer Ernte. Eine Nacht noch schlafen, 400 Kilometer bis Kapstadt – aufgedreht und gleichzeitig nachdenklich sitzen wir bei Temperaturen um Null Grad frierend im Auto. So haben wir uns die letzten Kilometer nicht vorgestellt – 123 Tage Fahrzeit, 19 309 Kilometer seit Hamburg, zweimal waren wir kurz davor, aufzugeben, und jetzt endet unsere Reise durch Afrika irgendwie unspektakulär – wo bleibt das Feuerwerk? Wo ist der Kaiser, um uns zu begrüßen? So richtig begreifen können wir es noch nicht, zu sehr ist das Fahren und Leben mit dem Bulli für uns »normal« geworden, fast zur Routine. Mit jedem Kilometer näher am Ziel, wird es ruhiger im Syncro. Die Stimmung wird schwer, Gefühle verdichten sich, die Gedanken treiben durch die Erlebnisse der langen Reise. Alles scheint in einer Unwirklichkeit zu enden oder anders herum? War die Reise unwirklich und endet im Realen? Wir sind verwirrt!

Der erste Stopp in Kapstadt, Bloubergstrand. Aussteigen auf dem Parkplatz, der Bulli muss hier stehenbleiben, sorry, du darfst nicht mit uns weiter. Die letzten Meter zu Fuß, mit einem Bier in der Hand an den Strand. Den Tafelberg im Blick, war's das?

Schnee in Afrika? Nicht nur am Kilimandscharo, es gibt ihn auch in Südafrika

Am Atlantikstrand, hier endet Afrika. Angekommen! Wir sind in Kapstadt – endlich wieder Fußball

Nein! Kays Schwester lebt mit Mann und kleiner Tochter an der Küste, in Melkbosstrand: Umarmung, Küsschen links, Küsschen rechts – ein herzlicher Empfang! Nicht weit weg von Kapstadt quartiert sie uns in ihrer wunderschönen Ferienwohnung ein – mit Blick auf den Atlantik und reichlich Grillfleisch inklusive. Kay hat rund zehn, ich sogar 13 Kilo verloren, das muss wieder auf die Rippen, bevor es für mich in einer Woche zurück nach Deutschland geht. Kay hat mehr Zeit die Fettpölsterchen aufzufüllen, kann länger in Kapstadt bleiben.

Viel Zeit zum Erzählen der Abenteuer bleibt allerdings nicht. Es geht zum ersten Mal ins Fußballstadion nach Kapstadt. Der eigentliche Grund für uns, vor mehr als einem Jahr im Clubheim des 1. FC St. Paulis sitzend, überhaupt über die Idee mit dem Auto von Hamburg nach Kapstadt fahren zu wollen, nachzudenken. England gegen Algerien. Ein schrecklich langweiliges Null zu Null. Macht nichts, um in Südafrika Fußball zu gucken ging es schon lange nicht mehr. Wir wollten irgendwann einfach nur noch durchkommen, es zusammen mit dem Bulli schaffen – der Stadionbesuch ist jetzt das

Mit Andy (rechts) im Stadion, wir genießen die Gastfreundschaft

Sahnehäubchen obendrauf. Feiern, Fan-Meile, Fußball – der Funken springt über! Uns fällt auf: Erst wenn wir anderen in Kapstadt von der Reise und den ganzen Rückschlägen erzählen, kommt in unseren Hirnen an, dass die Fahrt tatsächlich zu Ende ist, wir am Ziel sind. Die Anspannung fällt ab – angekommen!

Stopp. Noch nicht ganz: eine Sache gilt es noch zu erledigen – auf, auf mit dem Bulli zum Cape Point, unsere Reise heißt ja »Vom Kiez zum Kap«. Unterwegs geht es noch zum Strand bei Simons Town, Boulders Beach. Hier lebt eine Kolonie seltener Brillenpinguine. Vorsichtig kann man sich zwischen den kleinen Vögeln bewegen. Kaum ängstlich sind die flugunfähigen Frackträger, toll, sie aus nächster Nähe zu beobachten. Um zum Kap zu kommen, muss man durch den Table-Mountain-Nationalpark fahren. Paviane marodieren in Gruppen entlang unseres Weges an der Küste, man könnte fast den Eindruck bekommen, sie haben sich zu kleinen, kriminellen Gangs zusammengeschlossen. Anders lässt sich ihr taxierender Blick nicht deuten, als wir kurz parken und den Bulli verlassen, um eine tolle Aussicht zu genießen. Und

Am Kap der Guten Hoffnung – leider zu viele Leute, sonst wäre der Bulli mit auf dem Bild

es stimmt, die Burschen machen sich sofort an den Bulli-Türen zu schaffen – gut das Kay gewarnt hat, alles abgeschlossen ist. Pech gehabt, ihr Affen, bei uns ist nichts zu holen.

Strauße grasen auf unseren letzten Metern direkt am Wasser, Reisegruppen aus aller Welt lassen sich am Holzschild »Cape of good hope – The most south-western point of the african continent« fotografieren. Wer des Englischen mächtig ist stellt stolpernd fest: Der südwestlichste Teil Afrikas liegt hier, nicht wie von mir zu Beginn unserer Reise vermutet der südlichste. Wer dorthin will ist falsch, muss nach Kap Agulhas, etwas weiter östlich. Schön, Reisen bildet und trotzdem wir sind richtig! Nur unseren Plan, den Bulli direkt am Kap der Guten Hoffnung vor der Tafel zu parken, um ihn mit aufs Bild zu bekommen, können wir vergessen, zu viel los. Schade, ohne unseren vierrädrigen Kameraden ist das Abschiedsfoto nur zu zwei Dritteln komplett.

DEUTSCHLAND

Epilog

Unsere Reise ist vorbei, wir sind wieder zurück in Deutschland, der Bulli hat es in einem Container zurück nach Hamburg geschafft. Verstaubt, verbeult und mit den Spuren des Brandes, aber er fährt noch immer, mit dem Motor aus Afrika. Und er ist natürlich unverkäuflich. Bisher haben wir es nicht einmal geschafft ihn aufzuräumen, er ist noch vollgepackt mit Afrika-Erinnerungen. Unsere Erklärung dafür: Mit dem Ausräumen wäre die Reise endgültig für uns zu Ende.

Auch Jos St.-Pauli-Film ist mittlerweile fertig. Aus den geplanten fünf Minuten Ruhm ist der Kinofilm »Vom Kiez zum Kap« entstanden. Es geht um den Aufstieg des 1. FC St. Pauli und unsere Afrika-Abenteuer. Ein perfektes Urlaubsvideo.

Kay und ich sind noch immer befreundet, spielen auch noch immer zusammen Fußball bei den 8. Herren des FC St. Pauli. Claus, unser Begleiter über weite Strecken, ist von Afrika aus einmal um die Welt gefahren, mittlerweile ist auch er zurück in München.

Nach den fünf Monaten Auszeit war die Rückkehr in den Job viel einfacher als gedacht. Warum? Wahrscheinlich, weil der strukturierte Tagesablauf bei einer Reise durch Afrika am Ende doch dem Arbeiten sehr ähnlich ist.

Die größte Freude war es über die ganze Tour hinweg Vorurteile abzubauen. Sudan, Äthiopien oder Malawi – alle konnten positiv überraschen. Auch die Frage, ob wilde Tiere bei unserer Flussdurchfahrt im Mago-Nationalpark im Gebüsch saßen, um uns zu beobachten, ist beantwortet: Peter, ein Kumpel von uns war später dort, hat zum ersten Mal in seinem Leben Löwen in der freien Wildbahn beobachten können.

Für uns ist es im Nachhinein besonders schwer zu sehen, was für schlimme Dinge in einigen Ländern auf unserer Reiseroute passieren. Ganz besonders schlägt uns das Schicksal Syriens aufs

Parkplatz-wächterin – natürlich gibt es einen Beleg

Gemüt. Die Menschen unglaublich herzlich, die Städte wie Aleppo und Damaskus einladend schön, viele der von uns besuchten Kulturdenkmäler sind unwiederbringlich zerstört. Ein schrecklicher Gedanke.

Unsere Erfahrung auf der Reise – egal ob Deutschland, Syrien oder Malawi, die meisten Menschen haben die gleichen Wünsche: Ein Dach über den Kopf, genügend Essen auf dem Tisch, kein Ärger mit den Nachbarn und eine bessere Zukunft für die Kinder.

Wenn wir mit einem Wort sagen sollten, was wir von der Reise, neben den vielen bunten Bildern im Kopf, mitgenommen haben: Gelassenheit!

Gewohntes Bild für viele tausend Kilometer – ich am Steuer, Kay als Beifahrer

Kay: Bernd hat Recht - Gelassenheit ist geblieben und das Gefühl, dass man seine Träume einfach leben muss. Nur losfahren, der Rest ergibt sich auf der Reise. Hört sich einfach an, ist es auch. Ich bin selbst überrascht, wie leicht es war die vielen Abenteuer zu überstehen. Und ganz ehrlich: Selbst ein paar Jahre später profitiere ich immer noch von dem Erlebten. War ich früher gern mal pessimistisch unterwegs, hauen mich jetzt auch größere Probleme nicht mehr aus der Bahn - ich weiß seit Afrika um meine Stärken, verlasse mich viel mehr auf mein Gefühl. Es findet sich immer eine Lösung, ein Ausweg. Also los, lebt Eure Träume!

Aleppo

Damaskus · Am Toten Meer

Aqaba

Dahab

Am Nil

Bei Delgo

Bei Dongola

Bei Karima

Simien Mountains

Arba Minch

Mago-Park

Dar es Salaam

Kande Beach

Lilongwe

Bibliografische Information der Deutschen Nationalbibliothek
Die Deutsche Nationalbibliothek verzeichnet diese Publikation in
der Deutschen Nationalbibliografie; detaillierte bibliografische
Daten sind im Internet über http://dnb.dnb.de abrufbar.

1. Auflage
ISBN 978-3-667-10314-7
© Delius Klasing & Co. KG, Bielefeld

Text: Bernd Volkens
Lektorat: Alexander Failing
Titelfoto: Kay Amtenbrink
Fotos: Kay, Amtenbrink, sowie Maria Pineiro: S. 7 (m), S. 74, S. 82,
S. 84 (u), S. 92, S. 100, S. 111, S. 116, S. 122, S. 130, S. 138, S. 149 , S. 150,
S. 151, S. 159, S. 167; Claus Gunetsrainer: S. 90 , S. 93, S. 94 (u),
S. 96/97, S. 105, S. 140, S. 147, S. 152, S. 173, S. 183; Hendrik Kempfert: S. 177
Layout: Kay Amtenbrink, Hoch+Quer, Hamburg
Lithografie: Mohn Media Mohndruck, Gütersloh
Druck: Print Consult, München
Printed in Czech Republic 2015

Alle Rechte vorbehalten! Ohne ausdrückliche Erlaubnis des Verlages darf das Werk weder komplett noch teilweise reproduziert, übertragen oder kopiert werden, wie z. B. manuell oder mithilfe elektronischer und mechanischer Systeme inklusive Fotokopieren, Bandaufzeichnung und Datenspeicherung.

Delius Klasing Verlag, Siekerwall 21, D - 33602 Bielefeld
Tel.: 0521/559-0, Fax: 0521/559-115
E-Mail: info@delius-klasing.de
www.delius-klasing.de

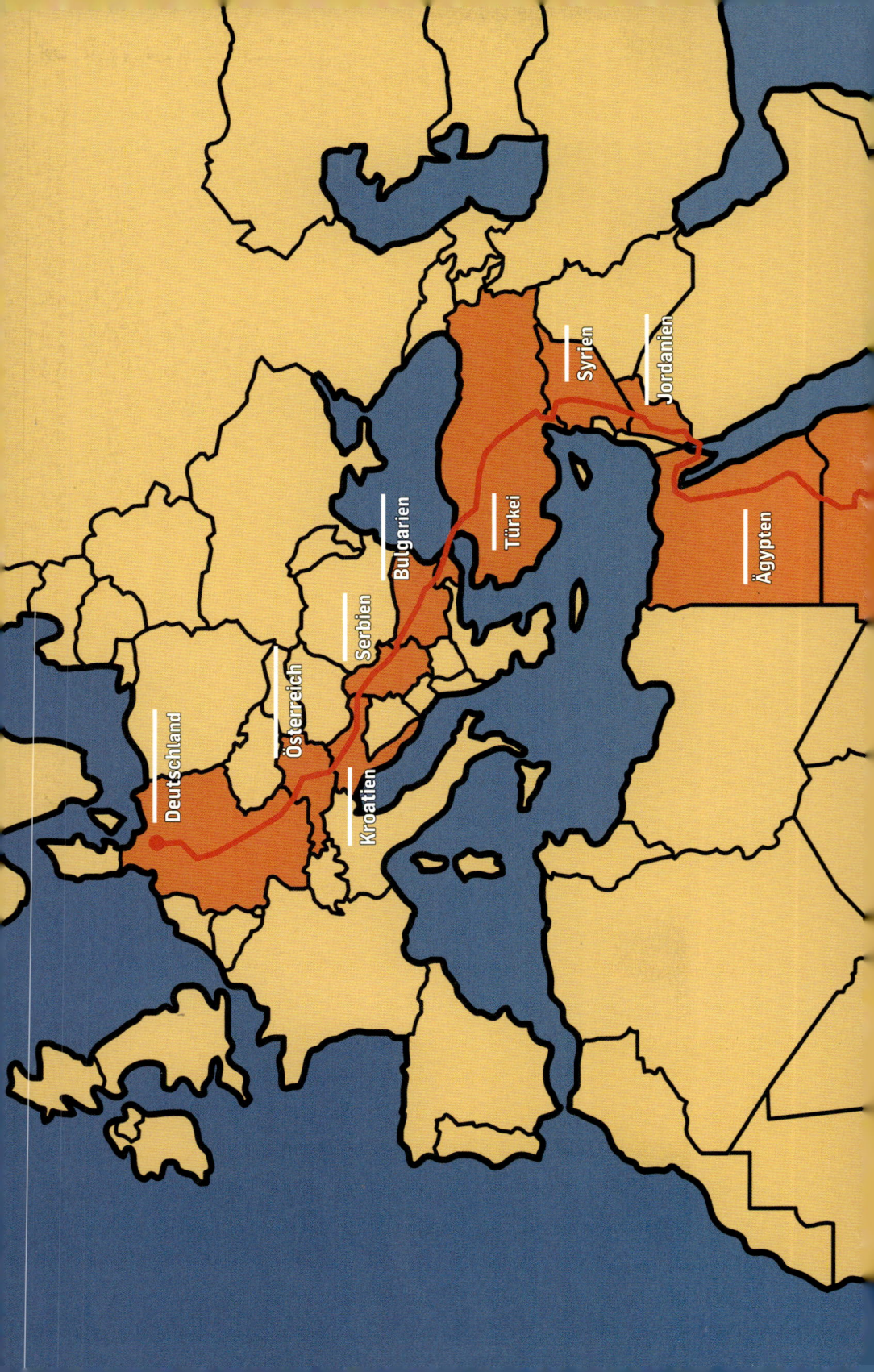